Le Prince

Nicolas Machiavel

Le Prince

Traduit de l'italien
par Albert t'Serstevens

Librio

Texte intégral

La présente traduction du *Prince* a été réalisée par l'écrivain Albert t'Serstevens (1885-1974), romancier et grand voyageur, auteur, notamment, de *L'Or du Cristobal* (Librio n° 33) et de *Taïa, roman contemporain* (Librio n° 88). Cette traduction a été établie d'après le texte de l'édition vénitienne de 1550, dite *delle testine*. Elle a été publiée pour la première fois en 1921 par l'artisan typographe Louis Jou.

Pour la traduction française : © 1921, Succession A. t'Serstevens

Nicolas Machiavel
À Laurent Le Magnifique
fils de Pierre de Médicis

CEUX qui veulent bien faire leur cour à un Prince, s'introduisent auprès de lui en lui présentant ce qu'ils ont de plus précieux ou ce qu'ils savent convenir le mieux à son inclination ; c'est ce qui donne lieu à tant de différents régals qu'on lui fait, de chevaux, d'armes, de drap d'or, de pierres précieuses, enfin de tout ce que l'on croit digne de la grandeur d'un Souverain. Cet usage est cause, qu'ayant dessein de vous donner des marques de ma soumission, j'ai cherché parmi tout ce que j'ai de plus cher et de plus digne de vous être présenté ; et je n'ai rien trouvé qui le méritât davantage que la connaissance de la conduite des grands hommes, que j'ai acquise par une longue expérience de ce qui est arrivé de nos jours, et par une continuelle étude de l'Antiquité. Après avoir donc bien médité et bien examiné cette matière, je l'ai réduite dans un petit volume que je dédie aujourd'hui à Votre Grandeur. Il est vrai que ce travail n'est peut-être pas tout à fait digne de vous, quoique je m'assure que votre bonté vous le rendra agréable ; surtout quand vous aurez considéré qu'il n'est pas en mon pouvoir de vous présenter quelque chose qui vaille mieux qu'un petit ouvrage dans lequel vous pouvez apprendre en peu d'heures tout ce que j'ai appris en tant d'années, avec mille travaux et mille disgrâces. Je n'ai point rempli ce discours d'ennuyeuses réflexions, de paroles ampoulées et magnifiques, ni d'autres affectations d'une éloquence extrinsèque, comme c'est l'usage de bien des gens qui écrivent : et j'ai évité tout cela, parce que je suis persuadé qu'un ouvrage ne doit plaire que par la vérité, le bon sens et l'excellence de son sujet.

Ne croyez pas, au reste, que ce soit une présomption, à un homme d'infime et basse condition, de discourir de la conduite des Princes, et de leur donner des règles pour gouverner leurs Etats : car vous n'ignorez pas que les peintres qui veulent dessiner un paysage, s'abaissent contre terre, dans les lieux bas, afin de mieux reconnaître les montagnes et toutes les hauteurs : quand, d'autre part, ces mêmes peintres veulent bien s'apercevoir comment sont faits les vallons, ils se postent sur des éminences ; ainsi, pour bien juger de la nature des peuples, il faut être Prince, et pour bien connaître les Princes, il faut être particulier.

Plaise à Votre Grandeur d'accepter ce petit présent dans l'esprit avec lequel je vous l'offre : car si vous le lisez avec soin, et si vous y faites un peu de réflexion, vous y découvrirez aisément la passion que j'ai de vous voir élevé à la gloire que la Fortune et votre mérite vous préparent. Mais si du faîte de votre élévation, vous vouliez un peu jeter la vue dans les lieux les plus bas, vous apercevriez avec combien d'injustice je souffre les longues et cruelles persécutions de ma mauvaise destinée.

Le Prince
de Nicolas Machiavel

CHAPITRE PREMIER

De la différence qui se trouve entre les États qui obéissent à des Princes ; et quels sont les différents moyens d'en prendre possession.

OUS les Etats et toutes les Seigneuries qui ont eu l'empire sur les hommes, se sont toujours gouvernés, ou en forme de République, ou comme des Principautés dont quelques-unes sont héréditaires, le Prince ne les possédant que comme une succession qui lui vient de ses ancêtres. Quelquefois un Prince parvient tout d'un coup à cette dignité, n'ayant été jusque-là qu'un particulier : comme à Milan, François Sforza. Souvent aussi, la souveraineté d'un Etat tombe entre les mains d'un Prince qui en possédait déjà d'autres par le droit de succession : et les pays de nouvelle conquête deviennent des dépendances des pays héréditaires. C'est ce que le Roi d'Espagne a fait à l'égard du royaume de Naples. Ces nouvelles conquêtes étaient des Etats libres ou des Etats soumis à un Prince ; on en devient maître par ses propres armes, par celles de ses alliés, par la Fortune ou par la valeur.

CHAPITRE SECOND

Des Souverainetés héréditaires.

E ne parlerai point à présent des Républiques, parce que c'est une matière que j'ai déjà traitée à fond dans mes autres ouvrages. Je m'attacherai seulement à ce qui regarde les Principautés : et en suivant l'ordre que je viens de marquer, j'examinerai comment on peut gouverner et conserver cette sorte d'Etats.

Ceux qui sont héréditaires et assujettis au sang de leur Prince, sont bien plus aisés à gouverner que les autres, parce que, pour vous y maintenir, vous n'avez qu'à ne rien innover dans la manière dont vos ancêtres les ont conduits ; et pour le reste, temporiser dans les accidents qui peuvent survenir. Ainsi, pourvu qu'un Prince ne soit pas tout à fait sans conduite, il est assuré de conserver toujours son Etat, à moins qu'un voisin beaucoup plus puissant que lui ne l'en dépouille ; et même quand cela arriverait, il peut compter de rentrer en possession de ses biens, pour peu qu'il arrive de disgrâce au nouveau conquérant. Nous en avons un exemple en Italie, dans le Duc de Ferrare, qui soutint toutes les attaques des Vénitiens, en l'an 1484, et ensuite celles du Pape Jules, en 1510, par cela seul qu'il possédait ses Etats de père en fils. Ce qui rend, en effet, un Prince si ferme dans un Etat héréditaire, c'est qu'il n'est pas obligé d'établir des nouveautés odieuses pour se maintenir, ce qui fait que tout le monde l'aime ; et il sera toujours aimé de même, à moins qu'il ne se rende haïssable par des défauts extraordinaires. Car il est certain que, quand une maison a été longtemps en possession de la souveraine puissance dans un Etat, le souvenir des troubles est entièrement effacé, et les occasions d'en exciter de nouveaux ne peuvent pas renaître aisément ; car un changement sert toujours de fondement à un autre.

CHAPITRE TROISIÈME

Des Souverainetés composées.

IL se trouve bien plus de difficultés dans les Etats nouvellement conquis. Premièrement, si un pays de nouvelle conquête est ajouté à un Etat héréditaire avec lequel il compose une Souveraineté mixte ou composée, il sera exposé d'abord aux altérations qui sont naturelles à toutes les nouvelles conquêtes. En effet, les hommes changent volontiers de maître, dans l'espérance d'amender leur condition : cette pensée leur fait prendre les armes contre ceux qui les gouvernent ; mais ils s'aperçoivent bientôt, par leur propre expérience, qu'ils ont augmenté leurs misères : ce malheur naît de l'absolue nécessité où se trouve un nouveau Prince, d'incommoder ses nouveaux sujets par des logements de troupes et par mille autres mauvais traitements, qui suivent infailliblement les changements de souverains.

Un Prince, alors, peut compter pour ennemis tous ceux qui ont souffert par sa conquête ; et il ne peut conserver l'amitié de ceux qui ont pris ses intérêts, parce qu'il n'est pas en son pouvoir de les satisfaire comme ils s'y étaient attendus, et parce qu'il ne peut en venir à des extrémités contre ceux envers lesquels il a trop d'obligations : car quelque puissant que soit un Prince à la tête de son armée, il a toujours besoin de l'appui et de la bonne volonté des habitants d'un pays, pour pouvoir y entrer aisément. C'est pour cela que Louis XII, Roi de France, conquit et perdit si promptement le Duché de Milan ; et que, lorsqu'il fut question de le regagner sur lui, la première fois, il ne fallut que la seule puissance du Duc Ludovico Sforza : parce que le peuple qui avait ouvert les portes au Roi dans l'espérance d'y gagner beaucoup, se trouvant trompé, ne pouvait plus souffrir son nouveau maître.

Il est vrai que lorsqu'on regagne un pays qui s'est soustrait à l'obéissance du Souverain, on n'en est pas dépossédé si aisément ; parce que le Prince, se prévalant de la rébellion qu'on lui a faite, garde moins de mesure avec ces gens-là, en punissant les coupables, s'assurant des suspects, et se fortifiant dans les endroits faibles. Tout cela fut cause que si, pour chasser les Français de Milan la première fois, il ne fallut que la seule puissance de Ludovico qui parut sur la frontière, il fallut au contraire, quand il fut question de les déposséder de cette province après qu'ils l'eurent reconquise, employer et liguer d'autres Etats pour les chasser d'Italie ; et cette difficulté ne vint que des raisons dont nous venons de parler. Quoi qu'il en soit, la France perdit ce Duché, une première et une seconde fois. Nous avons déjà examiné pourquoi cela arriva la première fois ; voyons à présent pourquoi Louis XII, après l'avoir reconquis, en fut encore dépossédé, et quels moyens il avait, et tout autre Prince comme lui, pour conserver ses conquêtes mieux qu'il ne fit.

Je dis donc que les nouvelles conquêtes qu'un Prince ajoute à son ancien domaine, sont du même pays et du même langage que l'ancien domaine, ou diffèrent en l'un et en l'autre. Quand elles ne diffèrent point à cet égard, il est bien plus facile de les conserver, surtout s'il s'agit de pays qui ne sont point accoutumés à la liberté. Si l'on veut les posséder en toute sûreté, il n'y a qu'à éteindre la race des Princes qui y régnaient. En conservant leurs anciens droits, ces peuples vivent en repos, parce qu'ils voient que leurs nouveaux maîtres ne changent rien aux coutumes établies. C'est ce qui se voit aujourd'hui en France, à l'égard de la Bourgogne, de la Bretagne, de la Gascogne et de la Normandie, qui sont depuis si longtemps sous la domination de la Monarchie : car quoique ces provinces diffèrent un peu, par le langage, des autres du Royaume, néanmoins, leurs coutumes étant à peu près semblables, les peuples se souffrent aisément les uns les autres.

Ainsi donc, celui qui fait des conquêtes de cette sorte, n'a que deux choses à observer : la première est d'éteindre entièrement la race des Princes qu'il a dépossédés ; la seconde est de ne rien changer dans les lois, les coutumes et les impôts ; moyennant ces précautions, les pays conquis ne tarderont pas à ne faire plus qu'un même corps avec l'ancien domaine de leur nouveau maître. Mais si l'on conquiert des pays différents de langage, de coutumes et de gouvernement, c'est là qu'on rencontre de grandes difficultés, et qu'on a grand besoin de bonheur et d'adresse pour les conserver. L'un des meilleurs moyens pour cela, serait que le nouveau conquérant allât y faire son séjour, ce qui lui en rendrait la possession plus durable et plus assurée : c'est ce que le Turc a pratiqué à l'égard de la Grèce ; car quelque bon ordre qu'il y eût pu établir autrement, jamais il ne l'aurait conservée en paix, s'il n'avait mis ce moyen en usage. En effet, quand un Prince est sur les lieux, il voit naître les désordres, et il y peut remédier dans leurs premiers commencements ; mais lorsqu'il est éloigné, il ne peut connaître le mal que lorsqu'il est déjà grand et presque sans remède. De plus, un pays habité par le souverain même, n'est pas si exposé aux extorsions de ses ministres, parce que les peuples peuvent aisément avoir recours à leur maître : ce qui le leur rend aimable, s'ils sont dans l'intention de faire leur devoir ; et sa présence aussi les tient dans le respect, en cas qu'ils eussent de mauvais desseins. Par conséquent, il est difficile de conquérir un Etat où le Prince fait sa résidence.

Après la présence du Souverain, il n'est point de moyen plus assuré, pour conserver un pays de nouvelle conquête, que d'envoyer des colonies dans quelques endroits qui soient comme les clés du pays ; car il faut user de cette politique, ou bien vous serez obligé d'y entretenir de grosses garnisons. Les colonies ne coûtent presque rien au Prince ; et il ne fait du mal qu'à ceux qu'il dépouille de leurs terres et de leurs maisons, en faveur des nouveaux habitants qu'il y envoie. Quant à ceux qui perdent leurs biens, et qui ne sont que la plus petite partie de l'Etat conquis, il n'y a rien à craindre de leur part, vu qu'ils sont dispersés et pauvres ; et tous les autres qu'on a laissés en paix chez eux, y demeurent sans penser à troubler l'Etat, dans la crainte d'être chassés à leur tour, comme leurs compatriotes. Je conclus donc que ces colonies sont avantageuses en plusieurs choses : elles ne coûtent rien ; elles sont moins à charge au pays ; et enfin, ceux qui en souffrent, étant pauvres et dispersés, ne sont pas en état de se venger du mal qu'on leur a fait. Car il faut ne point faire du mal aux peuples, ou bien il les faut exterminer tout à fait, vous souvenant qu'on n'oublie jamais les mauvais traitements que l'on aura reçus, lorsqu'ils ne sont que médiocres, mais que l'on n'en pourra jamais tirer raison, s'ils sont extrêmes. Aussi, ne faut-il jamais maltraiter personne, à moins qu'on ne lui ôte entièrement le pouvoir de se venger.

Si au lieu de colonies, vous mettez des garnisons dans vos nouvelles conquêtes, la dépense qu'elles vous causent consume tous les revenus de ces pays : au lieu de vous être avantageux, ils vous deviennent préjudiciables. De plus, vous augmentez le nombre des mécontents, bien plus par cette voie que par la première, à cause des marches et des logements de vos troupes qui infligent des traitements insupportables à tous les habitants du pays, ce qui les rend tous vos ennemis, et des ennemis d'autant plus à craindre, qu'après avoir été maltraités et chagrinés par ces logements, ils ne laissent pas d'être encore dans leurs maisons, et en état de se venger du mal qu'on leur a fait. Ainsi, de quelque côté qu'on regarde les garnisons, elles ne sont pas propres à conserver avantageusement une nouvelle conquête ; et les colonies sont un moyen excellent pour cela. Il faut encore qu'un Prince qui a fait des conquêtes dans un pays entièrement différent de son ancien patrimoine, se rende le chef et le protecteur des petits Etats de son voisinage ; il faut, outre cela, qu'il cherche les moyens d'affaiblir les plus puissants, et qu'il empêche, par-dessus tout, l'entrée du pays à un Prince étranger qui serait aussi puissant que lui ; car les mécontents tâcheront toujours d'appeler quelqu'un du dehors à leur secours : comme firent les Etoliens qui introduisirent les Romains dans la Grèce. Jamais ceux-ci n'entrèrent dans aucun pays que par le moyen des habitants eux-mêmes. Or, la raison pour laquelle un Prince ne doit jamais souffrir qu'un autre Prince, aussi puissant que lui, mette le pied dans un pays où le premier sera déjà établi, c'est que tous les petits Etats s'attachent au nouveau venu, par le chagrin qu'ils ont d'avoir longtemps vu le premier conquérant élevé au-dessus d'eux. Ainsi, le dernier arrivé n'a pas grand'peine à les gagner, parce que, d'eux-mêmes, ils sont très portés à se liguer avec lui. Tout le soin qu'il a à prendre, c'est que leur union ne leur donne point trop de puissance, ce qui lui est aisé par le moyen de ses propres forces et du crédit qu'il a sur eux, toutes choses dont il peut se servir utilement pour abattre ceux qui sont les plus puissants, et pour se rendre l'arbitre de tous ces Etats-là. Souvenez-vous donc que tout Prince qui ne suivra pas exactement les règles précédentes, ne sera pas longtemps en possession de ses nouvelles conquêtes ; et pendant même qu'il en sera le maître, il aura le chagrin d'y être harcelé par mille difficultés.

Les Romains ne manquèrent jamais à la pratique de ces règles : dès qu'ils avaient conquis un pays, ils y envoyaient des colonies ; ils vécurent en bonne intelligence avec les voisins les plus faibles sans laisser augmenter leurs forces, ils abaissèrent les plus puissants de ces voisins ; et ils empêchèrent toujours qu'aucun étranger ne prît pied dans ces pays-là. Je ne prendrai que la Grèce pour me servir d'exemple. Ne sait-on pas que les Romains firent amitié avec les Achéens et les Etoliens ; qu'ils abaissèrent le Royaume de Macédoine ; et qu'ils chassèrent Antiochus hors de ces provinces. Quelques services qu'ils eussent reçus des Achéens et des Etoliens, ils ne leur permirent jamais de s'accroître : et quelques prières que leur adressât Philippe, ils ne voulurent jamais lui accorder leur amitié, qu'ils ne l'eussent abaissé : enfin, quelque grand que fût le pouvoir d'Antiochus, jamais ils ne voulurent consentir à le laisser maître d'un seul pouce de terre dans la Grèce.

Les Romains firent dans cette occasion tout ce qu'un conquérant sage doit toujours pratiquer. Il ne faut pas avoir en vue seulement les désordres présents, mais il faut encore prévenir ceux que l'avenir peut faire naître : car quand on prend ses mesures de loin, les remèdes se trouvent aisément ; mais si vous tardez trop, le mal devient incurable par sa malignité et par la profondeur des racines qu'il a jetées. L'on peut dire, en politique, ce que les médecins disent de la phtisie, que c'est un mal, dans les commencements, bien aisé à guérir et malaisé à connaître ; mais que si on lui laisse prendre racine sans s'appliquer à la traiter, elle devient dans la suite très aisée à connaître et très malaisée à guérir. Disons de même, dans la politique, que lorsqu'on prévoit les maux de loin, on les guérit aisément ; mais que pour les bien connaître il faut avoir bien de la pénétration et bien de la prudence ; qu'au contraire, si on les laisse croître jusqu'au point que chacun les connaisse, alors personne ne les peut guérir. Ainsi les

Romains, découvrant les maux de loin, ne manquaient jamais d'y appliquer les remèdes nécessaires, et ils ne les négligèrent jamais pour éviter une guerre, sachant bien que qui la veut éviter ne fait que la différer à l'avantage de son ennemi : ils résolurent donc de faire la guerre à Philippe et à Antiochus dans la Grèce même, afin de n'être pas obligés de la soutenir un jour dans l'Italie ; ils pouvaient pourtant bien, alors, éviter cette guerre, mais ils s'en donnèrent bien garde, abhorrant cette maxime que nos grands politiques d'aujourd'hui ont sans cesse à la bouche : Jouir des bénéfices du temps. Mais les Romains, ne s'endormant jamais sur une tranquillité apparente, ne reconnaissaient point d'autres avantages que ceux qu'ils pouvaient tirer de leur prudence et de leur valeur, parce que le temps amène toutes choses, le bien comme le mal, et le mal comme le bien.

Mais revenons à la France, et voyons si elle a observé quelqu'une des règles dont nous avons parlé. Je ne dirai rien de Charles VIII, m'attachant seulement à Louis XII, parce que, comme il a régné plus longtemps en Italie, il a été plus aisé d'observer ses démarches et sa conduite. Or, vous verrez que ce Prince a fait justement le contraire de ce qu'il fallait faire pour conserver un pays si différent de son ancien patrimoine. D'abord, Louis XII fut introduit en Italie par l'ambition des Vénitiens qui crurent pouvoir gagner la moitié de la Lombardie par la venue des Français. Je ne blâme point le parti que le Roi prit dans cette conjoncture, parce que, voulant mettre un pied en Italie où il n'avait point d'amis, et dont, au contraire, la conduite de son prédécesseur lui avait fermé toutes les avenues, il fut contraint de prendre pour amis ceux qu'il trouva. C'était une prudence qui lui aurait été avantageuse s'il n'eût pas commis d'autres erreurs. Car sitôt qu'il eut conquis la Lombardie, il regagna bien vite la réputation que Charles VIII avait perdue. Gênes rentra sous le joug ; les Florentins redevinrent amis du Roi. Le Marquis de

Mantoue, le Duc de Ferrare, les Bentivogli, la Dame de Forli, les Seigneurs de Faenza, de Pesaro, de Rimini, de Camerino, de Piombino ; les Républiques de Lucques, de Pise et de Sienne ; en un mot, tous les petits Etats, plièrent sous ce nouveau conquérant. Alors les Vénitiens virent bien la folie qu'ils avaient faite de rendre le Roi maître des deux tiers de l'Italie, pour satisfaire la passion qu'ils avaient de s'emparer de deux places en Lombardie.

Il est aisé de voir, après cela, combien facilement Louis XII pouvait se maintenir dans ses nouvelles conquêtes, s'il eût voulu observer les règles précédentes, et protéger tous ses amis qui étaient obligés de lui être toujours attachés fidèlement, parce qu'ils étaient en grand nombre, faibles, et qu'ils redoutaient ou l'Eglise, ou les Vénitiens. Avec tant d'alliés, le Roi était en état de mettre à la raison ce qu'il y avait de plus puissant en Italie. Mais il ne fut pas plutôt maître de Milan, qu'il fit tout le contraire, donnant du secours au Pape Alexandre VI pour lui faire conquérir la Romagne : et il ne voyait pas que par cette conduite, il s'affaiblissait lui-même, en perdant ses amis et ceux qui s'étaient jetés dans ses bras, et qu'il augmentait le pouvoir de l'Eglise, en ajoutant un si grand temporel à une puissance spirituelle qui n'était déjà que trop grande. Or, dès qu'il eut fait ce faux pas, il fut obligé de continuer ; jusqu'à ce qu'enfin, voyant que le Pape ne bornait point son ambition mais voulait encore s'emparer de la Toscane, le Roi se vît contraint de revenir en Italie. Non content d'avoir augmenté le pouvoir de l'Eglise, et perdu ses amis, il partagea encore le Royaume de Naples avec les Espagnols ; et après avoir été l'arbitre de l'Italie, il y laissa entrer un concurrent qui était propre à réunir tous les ambitieux et tous ceux qui n'aimaient pas les Français. Au lieu donc de laisser dans ce Royaume un Prince qui lui fût tributaire, il aima mieux l'en chasser, afin d'en mettre un autre qui pût l'en chasser à son tour.

Véritablement, il est naturel et ordinaire de souhaiter

faire des conquêtes : et toutes les fois qu'on fera ce qu'on pourra dans ce but, bien loin d'attirer le blâme sur sa conduite, on en acquerra de la gloire. Mais lorsque n'étant pas en état de faire les choses, on ne laisse pas de les entreprendre, c'est une faute qui vous couvre de honte. Si donc les Français étaient en état de conquérir le Royaume de Naples, c'était bien fait à eux d'entreprendre cette conquête ; mais si leurs forces n'étaient pas suffisantes pour cela, ils ne devaient point partager le Royaume. Il est vrai qu'ils agirent prudemment en partageant la Lombardie avec les Vénitiens, parce que c'était le seul moyen qu'ils eussent de mettre le pied en Italie ; mais en partageant le Royaume de Naples avec le Roi d'Espagne, ils firent une faute, parce que rien ne les obligeait à ce partage.

Louis XII fit donc cinq fautes en Italie. La première fut de laisser détruire les petits Princes ; la seconde, d'augmenter une puissance qui était déjà trop grande ; la troisième, d'avoir introduit dans le pays un Prince étranger très puissant ; la quatrième, de n'être pas venu faire sa résidence dans ses nouvelles conquêtes ; et la dernière faute fut de n'y avoir point établi des colonies. Ces cinq fautes pouvaient pourtant n'être pas d'un grand préjudice à ce Monarque pendant sa vie, s'il n'en eût pas fait une sixième en dépouillant les Vénitiens. Il est vrai que s'il n'eût point augmenté la grandeur du Pape, ni introduit les Espagnols en Italie, il eût été raisonnable d'abaisser la République de Venise ; mais après avoir fait les deux premiers faux pas, il ne devait jamais ruiner cette République : parce que, restant puissante, elle aurait toujours été en garde contre ceux qui en eussent voulu à la Lombardie, et les Vénitiens n'eussent jamais souffert qu'elle pût tomber dans d'autres mains que les leurs. D'ailleurs, personne n'avait intérêt à chasser les Français pour y mettre les Vénitiens ; et il n'y avait point de Prince qui eût osé en entreprendre la conquête en attaquant ces deux puissances.

Si quelqu'un nous voulait dire ici que le Roi de France donna au Pape la Romagne, et aux Espagnols le Royaume de Naples, afin d'éviter une guerre ; je lui répondrai comme je l'ai déjà fait : Qu'il ne faut jamais donner naissance à de grands désordres pour se mettre à couvert de la guerre : car bien loin de l'éviter, vous ne faites que la différer à votre préjudice. Si d'autres m'allèguent que le Roi voulait tenir la parole qu'il avait donnée au Pape de le rendre maître de la Romagne, pour le remercier de ce qu'il avait fait pour lui en le dispensant de tout obstacle à son mariage et en donnant le chapeau à l'archevêque de Rouen, je répondrai à cette objection dans le chapitre où je traiterai de la foi des Princes et de la manière dont ils la doivent garder.

Louis XII a donc perdu la Lombardie, pour n'avoir suivi aucune des règles qui sont observées par ceux qui veulent se maintenir dans leurs conquêtes. Rien n'est moins miraculeux ; et j'en dis bien mon sentiment au Cardinal, lorsque j'étais à Nantes avec lui, dans le temps que le Valentinois (c'est ainsi qu'on appelait vulgairement César Borgia, fils naturel du Pape Alexandre) occupait la Romagne : car ce Cardinal me disant que les Italiens ne savaient ce que c'était que la guerre, je lui répondis que les Français n'entendaient rien à la politique, parce que s'ils eussent bien su ce que c'était, ils n'auraient jamais souffert que l'Eglise fût devenue si puissante. L'expérience a fait voir que la France seule avait rendu le Pape et les Espagnols puissants en Italie : et les Français eux-mêmes n'ont été ruinés que par ceux qu'ils avaient élevés. Il faut tirer de là une maxime de politique qui n'est presque jamais fausse : C'est qu'un Prince qui en élève un autre, se ruine lui-même. En effet, cette nouvelle puissance est le produit de l'adresse ou de la force, et l'une et l'autre de ces deux qualités doivent être suspectes à celui qui est puissant.

CHAPITRE QUATRIÈME

Pourquoi le Royaume de Darius, conquis par Alexandre, ne se souleva point contre ses successeurs, après sa mort.

UAND on examine les difficultés qu'il y a à conserver un Etat nouvellement acquis, il paraît assez surprenant qu'Alexandre le Grand, étant devenu maître de l'Asie en si peu d'années, et ayant fini ses jours immédiatement après, tous ces pays-là ne se soient pas soulevés aussitôt. En effet, les successeurs de ce Prince les conservèrent fort bien, n'ayant rencontré d'autres difficultés que celles qu'ils firent naître eux-mêmes par leur propre ambition.

Pour répondre à cela, je dis que les Principautés dont il reste mémoire sont de deux espèces. Les unes sont gouvernées par un seul souverain et tous les sujets sont des esclaves, dont quelques-uns sont élevés au ministère par la faveur et par la pure grâce du Prince, afin de lui aider dans le gouvernement de l'Etat. Les autres sont gouvernées par le Prince ; mais les grands ont part à l'autorité et cela, non point par la faveur du souverain, mais par le droit de leur dignité et de leur naissance. Or ces grands ont des seigneuries et des vassaux en propre, qui les reconnaissent pour maîtres et ont pour eux une attache naturelle.

Les Etats où il n'y a que le Prince qui ait de l'autorité sont beaucoup plus soumis, parce que, dans tout le pays, il n'y a que lui qui ait du pouvoir ; et quand les peuples obéissent à d'autres gens, ils ne les regardent que comme ministres de leur maître ; et ils n'ont aucune amitié pour eux.

Nous voyons, de nos jours, des exemples de l'une et de l'autre espèce de Principautés dans celle du Turc et dans celle du Roi de France. Tout l'Empire du Turc ne reconnaît qu'un seul seigneur, et le reste est esclave : le Prince, donc, partage ses pays en différents sangiacs et y envoie des administrateurs qu'il établit et révoque selon que bon lui semble. Mais le Roi de France est placé au milieu d'une multitude ancienne de grands Seigneurs qui ont des vassaux qui leur obéissent et qui les aiment ; ils ont, outre cela, de grands privilèges que le Prince ne leur peut ôter sans se mettre en risque lui-même. En considérant donc la nature de ces deux Monarchies, l'on verra qu'il est difficile de conquérir celle du Turc ; mais si une fois on en venait à bout, il serait aisé de la conserver. Ce qui est cause que l'Empire du Turc est difficile à gagner, c'est que celui qui l'entreprendrait, ne pourrait espérer d'être appelé ni introduit dans le pays par des Princes ou des Grands ; et il ne peut pas compter sur la rébellion d'aucun de ceux qui sont auprès du maître, parce qu'étant tous esclaves et remplis de ses bienfaits, ils sont fort difficiles à corrompre ; et quand bien même on en viendrait à bout, on n'en tirerait pas grand avantage, parce que ces gens-là ne pourraient pas entraîner les peuples dans leur rébellion, pour les raisons que nous avons alléguées. Ceux donc qui attaqueront le Turc doivent faire leur compte qu'il aura toute sa puissance bien unie : il leur faut faire plus de fond sur leurs propres forces que sur ses divisions. Mais si on l'avait battu en campagne de telle manière qu'il ne pût pas remettre d'autres armées sur pied, il n'y aurait plus rien à craindre que de la part des Princes de son sang qu'il faudrait détruire jusqu'au dernier : car après cela, il ne resterait plus personne qui eût aucun crédit sur les peuples. De même qu'avant la victoire il n'y a rien à attendre de la part de ceux-ci, de même ils ne sont point à redouter quand on est le maître de tout.

C'est tout le contraire dans les Royaumes dont le gouvernement est comme celui de la France, car il est assez aisé d'avoir entrée dans le pays, par le moyen de quelque grand seigneur mécontent : et jamais on n'en manque, non plus que de ceux qui aiment le changement. Mais quand il est question de conserver ces conquêtes, c'est alors qu'on rencontre mille difficultés, tant avec ses amis qu'avec ceux qu'on a opprimés. Et il ne suffit pas d'éteindre la race des Princes régnants, parce qu'il reste dans le pays une infinité de grands seigneurs qu'on ne peut ni détruire, ni contenter, et qui sont toujours prêts à se mettre à la tête des rebelles, en sorte qu'à la première occasion, ils vous mettent en risque de perdre tout ce que vous avez gagné.

A présent, si vous examinez de quelle nature était l'Empire de Darius, vous verrez qu'il était entièrement semblable à celui du Turc : Alexandre donc fut obligé de l'attaquer d'abord tout entier, et d'en battre toutes les forces en campagne ; mais quand Darius fut mort, Alexandre demeura paisible possesseur de tout ce grand Empire, pour les raisons que nous avons déjà alléguées. Ses successeurs aussi en auraient joui tranquillement, s'ils fussent demeurés unis entre eux : car ils ne connurent d'autres troubles que ceux qu'ils excitèrent eux-mêmes.

Mais les Etats qui sont gouvernés comme la France, ne peuvent pas être possédés tranquillement par de nouveaux conquérants : c'est ce qui causa les fréquentes révoltes contre Rome, dans la Grèce, dans l'Espagne et dans les Gaules, parce que ces Etats étaient remplis d'une infinité de petits Princes ; et tant qu'ils subsistèrent, les Romains ne furent jamais paisibles possesseurs de ces conquêtes ; ils ne le devinrent que par la longueur et la puissance de leur Empire. Ces Princes, après avoir bien combattu entre eux, et avoir tiré à soi une partie quelconque de ces provinces, d'après l'autorité qu'ils y avaient eue jadis, une fois éteinte la race de leur ancien maître, ne reconnaissaient plus que les Romains. Si donc, l'on fait réflexion sur tout ce que je viens de dire, on ne sera pas surpris de la facilité qu'Alexandre trouva à conserver les conquêtes d'Asie ; non plus que des difficultés que d'autres ont trouvées à se maintenir dans d'autres pays, comme Pyrrhus et plusieurs autres : ce qu'il ne faut point attribuer au plus ou au moins de valeur des conquérants, mais seulement à la différence des pays qu'ils ont conquis.

CHAPITRE CINQUIÈME

De quelle manière il faut gouverner les Villes ou les Principautés, qui étaient libres devant qu'on les eût conquises.

ORSQU'UN Prince se rend maître d'un Etat qui vivait en liberté avant cette conquête, il n'a que trois choses à faire pour n'en être pas dépossédé : la première est de le détruire entièrement ; la seconde, d'y aller demeurer personnellement ; et la dernière est de le laisser vivre sous ses lois, en le rendant tributaire et en y établissant l'autorité d'un petit nombre de gens qui vous le conservent : car ces gens-là ne pouvant subsister que par votre appui, emploieront tout leur pouvoir pour maintenir un Prince qui les soutient eux-mêmes ; et certes, le meilleur moyen de conserver des Etats accoutumés à être libres, c'est de les faire gouverner par leurs propres citoyens.

L'on en voit des exemples chez les Spartiates qui possédèrent Thèbes et Athènes en y établissant un gouvernement administré par quelques personnes ; à la fin, pourtant, ils perdirent ces deux villes. Les Romains, d'autre part, ne voulant pas perdre Capoue, Carthage et Numance, les détruisirent et n'en furent point dépossédés. Ils voulurent aussi gouverner la Grèce comme avaient fait les Spartiates, en la laissant libre et avec son ancien gouvernement ; mais cela ne leur réussit pas, en sorte qu'ils furent contraints d'en détruire entièrement plusieurs villes pour posséder tranquillement les autres. Et pour dire la vérité, il n'est point de moyen bien assuré pour conserver un Etat libre qu'on aura conquis, que de le détruire ; car si vous ne le faites, il vous détruira vous-même, parce qu'il a toujours ce nom de liberté pour refuge ; et il ne peut oublier ses anciennes lois et son ancien gouvernement, quelques bienfaits que le peuple ait reçus de son nouveau maître, et quelque temps qu'il y ait qu'il a perdu sa liberté. Quelque chose donc que vous fassiez d'autre part, et quelque précaution que vous preniez, si vous ne séparez et ne dissipez la plupart des habitants d'un Etat libre, ils n'oublieront jamais qu'ils l'ont été ; à la moindre occasion ils auront recours à leurs anciennes lois, comme fit Pise, après avoir été si longtemps soumise aux Florentins.

Mais lorsqu'un Etat nouvellement conquis était, avant cela, gouverné par un Prince, il n'y a qu'à en éteindre la race : parce que les peuples, étant, d'un côté, accoutumés à être soumis, et de l'autre, n'ayant plus leur ancien maître, ne seront jamais d'accord entre eux pour s'en donner un nouveau de leur choix ; et ils ne savent comment s'y prendre pour se rendre libres. Tout cela les rend plus paresseux à prendre les armes. Il est donc bien plus aisé à un nouveau conquérant de s'établir dans leur esprit et de s'assurer d'eux. Mais dans les Républiques, il y a beaucoup plus de ressentiment, et elles sont animées d'un plus grand désir de vengeance, parce que le souvenir de leur ancienne liberté ne peut les laisser en repos. Aussi le plus sûr est-il de les détruire, ou d'y aller faire sa résidence.

CHAPITRE SIXIÈME

Des nouvelles conquêtes qu'on fait par sa propre valeur et ses propres armes.

N ne doit pas être surpris si je rapporte toujours des exemples illustres, lorsque je parle des Etats nouvellement acquis ; parce que les hommes suivent volontiers les routes battues, et aiment à imiter les actions des autres. Mais comme il est impossible de le faire parfaitement et d'arriver jusqu'au modèle qu'on s'est proposé, il faut qu'un homme sage ne s'en propose jamais que de très grands, afin que, s'il n'a pas la force de les imiter en tout, il puisse au moins en donner quelque teinture à ses actions. C'est le fait des archers prudents qui tirent à un but ; car s'il est éloigné, et qu'ils connaissent la force de leur arc, ils viseront beaucoup plus haut que le point qu'ils veulent atteindre, non pas dans la pensée d'arriver à cette hauteur, mais seulement afin qu'elle leur aide à parvenir au lieu qu'ils se proposent.

Je dis donc qu'un nouveau conquérant trouve plus ou moins de difficultés à se maintenir dans un Etat nouvellement assujetti, selon qu'il a plus ou moins de mérite. Car pour s'élever de la condition de particulier à celle de Prince, il faut avoir de la valeur ou être bien appuyé de la Fortune : l'une et l'autre aplanissent beaucoup d'obstacles.

Néanmoins, ceux qui comptent le moins sur la Fortune sont d'ordinaire les plus heureux. Ce qui lève encore bien des difficultés, c'est lorsque le nouveau conquérant, n'ayant point d'autres Etats, est obligé de venir faire sa résidence dans le pays conquis.

Mais pour revenir à ceux que le mérite, et non la Fortune, a élevés à la Souveraineté, je tiens que les plus excellents d'entre eux sont Moïse, Cyrus, Romulus, Thésée et quelques autres. Et quoiqu'on ne doive pas regarder Moïse comme on regarde un autre Prince, puisque tout ce qu'il faisait était en exécution des ordres qu'il recevait immédiatement de Dieu, néanmoins je soutiens qu'il doit être admiré pour la grâce qui le rendait digne de s'entretenir familièrement avec Dieu.

Pour Cyrus et les autres qui ont conquis et fondé des Etats, je dis qu'on doit les regarder tous avec beaucoup d'estime ; car si on examine leurs actions et leur conduite particulière, on ne les trouvera pas fort inférieures à celles de Moïse, bien qu'il eût un si grand Précepteur. Mais ce qu'il y a de singulier dans tous ces héros, c'est que la Fortune ne leur a point fait d'autre faveur que de leur présenter l'occasion qui leur donna lieu de former leur matière comme ils le jugèrent à propos : sans l'occasion, leur vertu se fût anéantie, et sans leur vertu, l'occasion eût été inutile.

Il fallait donc que Moïse trouvât le peuple d'Israël esclave en Egypte, opprimé par les tyrans et disposé à suivre un libérateur. Il fallait que Romulus ne pût être élevé dans Albe, et fût exposé dès sa naissance, pour qu'il pût un jour devenir Roi des Romains et fondateur de ce grand Empire. Il fallait que Cyrus trouvât les Perses mécontents de l'Empire des Mèdes, et que ceux-ci fussent devenus lâches et efféminés par une longue paix. Jamais Thésée n'eût fait voir jusqu'où allait son grand mérite, si les Athéniens n'eussent point été dispersés. Toutes ces occasions ont donc rendu ces grands hommes heureux ;

et leur rare mérite a rendu illustres ces occasions, à la gloire et à la félicité de leur patrie.

Les autres conquérants qui, marchant sur les traces de ceux-là, s'élèvent à la souveraine puissance, rencontrent en chemin de grandes difficultés ; mais ils se maintiennent aisément. Les obstacles qu'ils trouvent d'abord, viennent des nouveaux ordres et des règles qu'ils sont obligés d'introduire pour la fondation de leur puissance et pour leur propre sûreté. Car souvenez-vous que rien n'est plus difficile à bien conduire, plus casuel à réussir, et plus dangereux à manier, que de se rendre chef en introduisant des nouveautés : parce que l'introducteur se fait des ennemis de tous ceux qui se trouvaient bien de l'ancien état de choses, et ne se fait, d'autre part, que de froids défenseurs de ceux qui gagnent au nouvel établissement. Cette froideur vient en partie de l'appréhension qu'ils ont de leurs adversaires, en partie aussi de leur propre défiance : car les hommes ne croient jamais qu'une chose nouvelle soit bonne, à moins qu'elle ne soit confirmée par une longue expérience. Ces différentes dispositions font qu'il faut résister à des ennemis intéressés et bouillants, et ne compter que sur des défenseurs faibles et fidèles, avec qui l'on est en risque de périr aisément.

Si donc l'on veut parler comme il faut de cette matière, il faut examiner si ces innovateurs se soutiennent par eux-mêmes, ou s'ils dépendent des autres ; c'est-à-dire, si dans la conduite de leurs desseins, ils sont obligés de supplier les gens, ou s'ils sont en état de les forcer. Dans le premier cas, ils échouent toujours et n'arrivent à rien ; mais s'ils sont assez maîtres pour commander absolument, ils ne manqueront pas de réussir. C'est pour cela que les Prophètes qui ont parlé les armes à la main ont toujours été heureux ; ceux, au contraire, qui n'ont eu pour armes que la parole et les persuasions ont eu rarement du succès ; car outre tout ce que nous avons dit, rien n'est si changeant que les peuples : il est aisé de les persuader, mais il est très difficile de les maintenir dans cette persuasion. Il faut donc disposer les affaires de manière que, lorsqu'ils commenceront à devenir incrédules, on soit en état de les ramener par la force à leur première créance.

Moïse, Cyrus, Thésée et Romulus n'auraient pas fait observer leurs lois fort longtemps s'ils eussent été désarmés : comme il est arrivé de nos jours au fameux Frère Jérôme Savonarole, qui périt dès que le peuple commença à ne plus avoir foi en lui ; car il n'était pas en état de rendre constants ceux qui avaient cru, ni de persuader les incrédules. C'est donc des gens de cette sorte qui rencontrent de grands obstacles dans leurs desseins ; et ils sont exposés à de grands périls qu'ils doivent surmonter par leur propre vertu ; mais aussi, quand ils en sont venus à bout, qu'ils ont gagné la vénération des peuples, détruit leurs ennemis et ceux qui portaient envie à leurs bonnes qualités, alors ils sont affermis pour toujours, puissants, respectés et heureux.

A ces grands exemples, j'en ajouterai un de moindre conséquence, mais qui ne laisse pas d'y avoir du rapport. C'est d'Hiéron de Syracuse que je veux parler. Cet homme n'étant qu'un petit particulier, devint Tyran de Syracuse, n'ayant reçu d'autre faveur de la Fortune que l'occasion : car les habitants de cette puissante ville, se trouvant dans l'oppression, élurent Hiéron pour leur Capitaine. Il s'acquitta si bien de cet emploi, qu'il en mérita la souveraine puissance. Alors même qu'il n'était encore que particulier, il était rempli de tant de mérite, que ceux qui en écrivent assurent qu'il ne lui manquait que la couronne pour être un véritable Roi. Voici la conduite qu'il tint pour régner : il congédia les anciennes troupes et en fit de nouvelles ; il quitta ceux qui, dès le commencement, s'étaient faits ses amis, et il en choisit lui-même de nouveaux ; et quand il eut des soldats et des amis entièrement à lui, alors il fut en état d'édifier sur un aussi bon fondement tout ce qu'il voulut. Il est vrai qu'il eut beaucoup de peine à s'élever ; mais il n'en eut point à se maintenir.

CHAPITRE SEPTIÈME

Des Principautés nouvelles que l'on acquiert par des forces étrangères et par la Fortune.

EUX qui s'élèvent de la condition de particulier à celle de Prince, par leur seule fortune, y arrivent sans peine, mais en ont beaucoup à se maintenir. Il est vrai qu'ils ne trouvent point d'obstacles dans le chemin, car on peut dire qu'ils volent sur le trône ; mais quand ils y sont une fois, c'est alors que les difficultés se présentent en foule.

Les Princes dont je veux parler, sont ceux qui deviennent tels par argent ou par la faveur d'un autre : tels étaient ceux que Darius établit en Grèce, dans les villes de l'Ionie et de l'Hellespont, afin de s'assurer des peuples par leur moyen, et de faire voir sa grandeur par ses magnificences. Tels étaient encore les Empereurs Romains qui parvenaient à l'Empire en gagnant les soldats à force d'argent. Cette sorte de Princes ne peuvent s'assurer que sur la bonne volonté et sur la Fortune de ceux dont ils tiennent le diadème ; et ces deux fondements sont volubiles et instables. D'ailleurs, ils ignorent comment il se faut gouverner dans un tel poste, et même ils ne le peuvent. Ils ignorent l'art de régner, parce qu'à moins d'être un homme extraordinaire à bien des égards, il est difficile d'avoir toujours vécu dans une condition privée, et de savoir vivre en Prince ; ils ne le peuvent pas non plus, parce qu'ils n'ont point de forces sur l'amitié et sur la fidélité desquelles ils puissent faire fond. Enfin, de même que, dans la nature, les plantes qui naissent et qui croissent promptement ne peuvent pas avoir des racines très profondes, de même, une puissance toute nouvelle ne peut pas non plus avoir ses liaisons et ses fondements si bien établis qu'elle puisse s'assurer de n'être pas renversée à la première tempête ; à moins, comme nous l'avons déjà dit, que ceux qui deviennent tout d'un coup Souverains, n'aient un mérite si extraordinaire, qu'ils aient assez d'habileté pour se préparer promptement à bien conserver ce que la Fortune leur a si heureusement présenté, et pour établir ensuite, et avec diligence, les fondements que les autres ont établis avant que d'être sur le trône.

Je ne puis m'empêcher, à propos de ces deux moyens de devenir Prince, par bonheur ou par mérite, de rapporter deux exemples arrivés de nos jours : l'un est François Sforza ; l'autre, César Borgia. Le premier put devenir Duc de Milan, de particulier qu'il était auparavant ; mais ce fut par un grand mérite, et en passant par tous les degrés convenables ; après, il jouit sans traverses de ce qu'il avait acquis avec mille travaux. César Borgia, (qu'on appelait Duc de Valentinois) devint Prince par le bonheur du Pape, son père. Celui-ci étant venu à manquer, le fils ne put se soutenir, quoiqu'il employât tous les moyens qu'un brave et habile homme peut mettre en usage pour se maintenir et pour affermir les fondements d'une puissance qui n'avait été établie que par la Fortune et par les armes d'un autre. En effet, quand on n'a pas le temps de poser au préalable de bons fondements, un très habile homme le peut faire dans la suite ; mais c'est avec une peine infinie pour l'architecte, et un péril éminent pour l'édifice.

Si donc, l'on fait réflexion sur les actions du Duc de Valentinois, l'on verra qu'il avait établi de solides fondements pour sa grandeur future ; il me semble même qu'il est nécessaire d'en parler, parce que les meilleurs préceptes qu'on puisse offrir à un Prince nouvellement établi, c'est de lui donner pour modèle les actions de ce Duc ; si, cependant, sa conduite n'eut pas de succès, ce ne fut pas sa faute ; une extrême malignité de la Fortune en fut cause. Alexandre VI trouva de très grands obstacles à l'élévation du Duc, son fils, dans le présent et dans l'avenir. Premièrement, il ne voyait aucun moyen de le rendre souverain de quelque Etat qui ne fût pas du patrimoine de l'Eglise ; et il savait que les Vénitiens et le Duc de Milan n'y consentiraient jamais, parce que Faenza et Rimini étaient déjà sous la protection des premiers. Il voyait de plus les armes d'Italie, et celles surtout dont il eût pu se servir, entre les mains de gens qui devaient redouter la grandeur du Pape : par conséquent, il ne pouvait y faire fond, puisque c'étaient les Colonna, les Orsini et leurs partisans qui les maniaient. Il fallait donc nécessairement brouiller les affaires et apporter le désordre dans les Etats d'Italie, pour pouvoir se rendre maître de quelqu'un d'eux ; il est vrai que cela fut facile, parce que les Vénitiens, qui avaient leurs vues ailleurs, étaient résolus d'aider aux Français à revenir en Italie. Alexandre VI, ayant appris ce dessein, le facilita encore en rompant le premier mariage du Roi Louis XII. Ce Monarque passa donc en Italie par le moyen des Vénitiens, et avec le consentement d'Alexandre, à qui il accorda des troupes pour la conquête de la Romagne, dès qu'il fut arrivé à Milan ; il fit cela pour se donner de la réputation et pour garder sa parole.

Quand le Duc de Valentinois fut le maître de la Romagne, et qu'il eut abattu les Colonna, il rencontra deux obstacles dans le dessein qu'il avait de se maintenir et d'aller plus avant. Le premier consistait dans ses troupes dont il se méfiait ; l'autre obstacle était l'autorité de la France. Car il craignait que les troupes des Orsini, dont il se servait, ne s'opposassent à de nouvelles conquêtes, et même ne le dépouillassent de celles qu'il avait déjà faites ; il appréhendait encore la même chose de la part du Roi. A l'égard du soupçon que le Duc avait contre les Orsini, il en vit une confirmation quand, après avoir pris Faenza, il fut question d'attaquer Bologne ; car il s'aperçut que leurs troupes marchaient froidement dans cette entreprise. A l'égard du Roi, il n'eut plus de sujet de douter de ses intentions, quand, après la conquête du Duché d'Urbin, il marcha contre la Toscane : car le Roi, l'ayant appris, commanda au Duc de laisser cette province en repos. Ces deux obstacles firent se résoudre le Duc à ne dépendre plus de la discrétion ni des troupes des autres. Il commença donc à affaiblir les factions des Colonna et des Orsini dans Rome, gagnant tous les personnages de distinction qui étaient dans leurs partis, en les faisant ses Gentilshommes, en leur donnant de grosses pensions, en les honorant de charges et de gouvernements à proportion de ce qu'ils pouvaient espérer ; de sorte que, en peu de mois, il effaça entièrement en eux l'esprit de faction, et il les mit absolument dans ses intérêts. Après cela, il attendit l'occasion de se défaire des Orsini, ayant déjà dissipé les Colonna. Elle se présenta fort bonne, et il sut s'en servir prudemment : car les Orsini, s'étant aperçus que la grandeur du Duc et celle de l'Eglise était leur perte, s'assemblèrent dans le territoire de Pérouse, en un lieu appelé Magione. Cette assemblée produisit le soulèvement d'Urbin, les mutineries de la Romagne et mille dangereuses affaires pour le Duc ; mais il surmonta tout, par le moyen des Français. Après qu'il eut rétabli son crédit par ses succès, ne comptant plus sur les Français ni sur les autres troupes étrangères, et ne voulant pas les avoir contre lui, il prit le parti de la ruse, et sut si bien dissimuler, que les Orsini se raccommodèrent avec lui, par l'entremise du Seigneur Paulo ; et il sut si bien les gagner par ses honnêtetés, par des présents de chevaux, d'habits, d'argenteries et d'autres choses, qu'ils eurent enfin la simplicité de venir à Sinigaglia, se remettre entre ses mains. Ainsi le Duc, s'étant défait des chefs, et ayant gagné toutes leurs créatures, avait jeté d'assez bons fondements de sa grandeur ; car il était maître de la Romagne, avec le Duché d'Urbin, et il était aimé des peuples qui commençaient à s'apercevoir que leur soumission à leur nouveau Prince faisait leur bonheur.

Mais comme ce dernier point mérite d'être bien remarqué et de servir de modèle, je ne veux pas le laisser passer sans m'y étendre. Quand le Duc eut conquis la Romagne, il trouva que ceux qui en avaient été les maîtres s'étaient trouvés si médiocres et si faibles qu'ils avaient plutôt travaillé à écorcher leurs sujets qu'à les réduire sous de bonnes lois, et qu'ils avaient plutôt tâché de les tenir dans la dissension que dans l'union, en sorte que ce misérable pays était plein de vols, de brigandages, d'assassinats et d'autres désordres. Cela fit juger au Duc qu'il fallait donner un bon gouvernement à cette province, pour la pacifier et la rendre soumise à l'autorité souveraine. A cet effet, il y établit Messer Remiro d'Orco, homme sanguinaire et de prompte expédition, auquel il donna un pouvoir sans limites. Cet homme rétablit bientôt l'ordre et la paix dans le pays, et s'acquit en même temps une grande réputation. Ensuite, le Duc jugea qu'un pouvoir si excessif pourrait à la fin devenir odieux ; c'est pourquoi il établit une cour de justice au milieu de la province, avec un Président d'un très grand mérite : et là, chaque ville avait son Avocat. Or, comme il s'était aperçu que les rigueurs d'Orco avaient un peu altéré l'esprit des peuples, il résolut de gagner entièrement leur affection, en leur faisant voir que s'il s'était commis quelques cruautés, cela n'était pas arrivé par ses ordres, mais par l'humeur féroce du ministre. Le Duc embrassa donc cette occasion de satisfaire ses sujets ; et un matin, il fit mettre en deux pièces le cruel d'Orco sur la place publique de Cesena, avec un morceau de bois et un couteau sanglant à côté de lui : l'horreur de ce spectacle étonna et contenta en même temps tous ces peuples.

Mais revenons à notre précédent discours. Je dis donc que le Duc, se trouvant assez puissant, et en partie assuré contre les périls qui le menaçaient, parce qu'il avait des troupes comme il les souhaitait, et qu'il avait dissipé celles qui, dans son voisinage, lui pouvaient apporter du préjudice, il ne lui restait plus d'obstacles dans le dessein d'augmenter ses conquêtes, que la disposition d'esprit de la France : car il n'ignorait pas que le Roi, qui s'était aperçu un peu tard de sa faute, ne lui permettrait pas de s'accroître davantage. Cela le fit penser à chercher de nouvelles alliances, et à biaiser avec la France, dans le temps qu'elle envoya des troupes vers le royaume de Naples contre les Espagnols qui assiégeaient Gaeta. Il avait dessein, par là, de gagner ces derniers, et il y aurait réussi, si Alexandre, son père, eût vécu.

Voilà quelle fut la conduite de César Borgia à l'égard des affaires en cours. Mais pour l'avenir, il avait à craindre premièrement, que celui qui serait Pape, après Alexandre VI, ne lui fût contraire et ne cherchât à lui ôter ce que son père lui avait donné. Pour prévenir cet accident, il résolut de faire quatre choses. La première, d'éteindre entièrement la race de tous ceux qu'il avait dépouillés, afin que le Pape à venir ne pût s'en servir contre lui. La seconde, de mettre dans ses intérêts tous les Seigneurs romains, afin de tenir le Pape en bride par leur moyen. La troisième, de se faire autant de créatures qu'il pourrait dans le Collège des Cardinaux. Et enfin, de se rendre si puissant, devant que son père mourût, qu'il fût en état de résister de lui-même aux premières attaques.

De ces quatre projets, il en avait déjà mis trois en exécution avant la mort du Pape ; et le quatrième ne pouvait lui manquer avec un peu de temps. En ce qui concerne les Seigneurs qu'il avait dépouillés, il se défit de tous ceux qu'il put attraper, et très peu en réchappèrent. Les Seigneurs Romains étaient tous dans ses intérêts ; et le Collège des Cardinaux était presque tout à lui. Pour les nouvelles conquêtes, il avait résolu de se rendre maître de la Toscane ; et il possédait déjà Pérouse et Piombino, ayant pris, outre cela, Pise sous sa protection. Et comme il n'avait plus de mesure à garder avec les Français (que les Espagnols avaient chassés de Naples, en sorte que ces deux nations avaient intérêt, l'une et l'autre, à rechercher son amitié), le Duc pouvait se rendre absolument maître de Pise. Après cela, Lucques et Sienne se rendraient aussitôt, en partie par haine contre les Florentins, et en partie par peur. Pour les Florentins, ils ne devaient pas tarder à succomber. Tout cela se devait faire l'année même que le Pape mourut. Ainsi le Duc devait s'acquérir tant de crédit et tant de pouvoir, qu'il se serait soutenu de lui-même, sans dépendre ni de la Fortune, ni de la puissance d'aucun Prince, pouvant venir à bout de tout par ses propres forces et par sa valeur.

Mais Alexandre mourut cinq après que César avait commencé à tirer l'épée ; et il laissa ce cher fils ne possédant d'assuré que l'Etat de la Romagne, tous les autres n'étant encore que dans son idée ; d'ailleurs il se trouvait comme enfermé entre deux puissantes armées ennemies, et lui-même mortellement malade. Cependant Borgia était si vigoureux et si brave, il savait si bien comment on peut perdre ou gagner les hommes, et il avait si bien affermi les fondements de sa puissance dans le peu de temps qu'il en avait été revêtu, que s'il n'avait point eu ces deux armées sur les bras, ou que même s'il s'était bien porté, il n'aurait pas laissé de remédier à tous ses malheurs. Et pour faire voir qu'il avait bâti sur de bons fondements, je dirai que la Romagne l'attendit plus d'un mois ; qu'à Rome, bien qu'il fût abattu de maux, il demeura pourtant en sûreté ; et que les Baglioni, les Vitelli et les Orsini vinrent à Rome sans pouvoir y former des partis contre lui. Et s'il ne put faire Pape celui qu'il eût bien voulu, il eut pourtant le pouvoir d'empêcher qu'on n'en créât un qu'il ne voulait pas. Si, à la mort d'Alexandre, il se fût bien porté, tout lui aurait réussi. Et il me dit, le jour que Jules II fut élu Pape, qu'il avait pensé à tout ce qui pourrait survenir en cas que son père mourût, et qu'il avait trouvé remède à tout ; mais qu'il ne lui était point venu à l'esprit qu'il dût lui-même être à son tour mortellement malade, en même temps.

Si donc l'on examine, en général, toutes les actions de Borgia, il est difficile de le blâmer ; il me semble, au contraire, qu'on doit le proposer comme exemple à tous ceux qui acquièrent des Etats par la Fortune et les armes des autres. Car comme cet homme était né avec un grand courage et des desseins fort vastes, il ne pouvait se conduire autrement qu'il a fait ; il ne trouva point d'autre obstacle à sa fortune que la courte vie d'Alexandre VI et sa propre maladie. Ainsi, tous ceux qui, étant nouvellement élevés à la souveraine puissance, jugeront qu'ils doivent, dans ces commencements, s'assurer de leurs ennemis, se faire des amis, vaincre par adresse ou par force, se faire aimer et craindre des peuples, respecter et estimer des soldats, se défaire de ceux qui peuvent et doivent leur nuire, réformer les lois anciennes, être sévère et aimable, magnanime et libéral, détruire les troupes infidèles, en mettre sur pied de nouvelles, se gouverner, enfin, avec les Rois et les Princes, de manière qu'ils soient obligés de vous rendre service de bonne grâce, ou de vous être contraires avec retenue : je soutiens qu'on ne peut pas trouver des exemples de tout cela plus récents que les actions du Duc de Valentinois. La seule faute qu'il ait faite a été de laisser élire Jules II : en quoi il n'a pas entendu ses intérêts ; car, quoiqu'il ne pût élever au Pontificat celui qu'il eût bien voulu, il était au moins en son pouvoir d'empêcher l'élection d'un Pape qui ne lui plaisait pas ; et jamais il n'aurait dû laisser élire aucun des Cardinaux qu'il avait offensés, ni même aucun de ceux qui eussent pu le craindre, après être venus à la Papauté. Car il est naturel aux hommes de prendre offense contre ceux qu'ils redoutent, ou contre ceux qu'ils haïssent. Les Cardinaux que Borgia avait offensés, étaient, entre autres, Colonna, Ascanio, le Cardinal de St-Georges et celui de St-Pierre-aux-Liens. Tous les autres, à la réserve du Cardinal de Rouen et des Espagnols, étant élevés au Pontificat, l'auraient craint. A cause de l'alliance et de l'union qu'il avait avec l'Espagne, il devait mettre un Espagnol dans la Chaire de saint Pierre, préférablement à tous ; et cela ne se pouvant, il devait tâcher que le Cardinal de Rouen fût élu, parce que, s'en faisant un ami, il s'attirait par son moyen la protection de la France. Mais il ne devait jamais consentir à l'élévation du Cardinal de St-Pierre-aux-Liens. Car il devait savoir que, chez les grands personnages, jamais les bienfaits présents n'effacent le souvenir des vieilles injures. Ce fut donc une grande faute au Duc de Valentinois de laisser élire Jules II, et ce fut la cause de sa ruine totale.

CHAPITRE HUITIÈME

*De ceux qui par leurs crimes
se sont élevés à la Souveraineté.*

IEN que les deux manières qui restent encore au Prince d'acquérir la Souveraineté ne puissent être attribuées ni au mérite ni à la Fortune, je ne dois pas les passer ici sous silence, quoique l'une d'elles se puisse renvoyer à un traité qui parlerait à fond du gouvernement d'une République. Ces deux manières sont : l'une, quand quelqu'un s'empare du pouvoir absolu par ses crimes et sa perfidie ; l'autre, quand un bourgeois d'une République en devient Prince par la faveur de ses concitoyens.

A l'égard de la première manière, je me contenterai d'en rapporter deux exemples, l'un ancien, l'autre moderne, sans discourir davantage sur cette matière, parce que je crois qu'ils suffiront à ceux qui se croiraient obligés de les prendre pour modèles.

Agathoclès de Sicile, qui est le premier exemple, devint Roi de Syracuse bien qu'il fût non seulement d'origine privée, mais d'infime et abjecte condition. Né d'un potier, il garda toujours, à tous les degrés de la Fortune, une vie scélérate. Cependant, sa méchanceté fut soutenue avec tant d'habileté, de courage et de force, que s'étant jeté dans le service, il arriva jusqu'à se faire nommer Préteur de Syracuse, après avoir passé par tous les degrés militaires. Quand il se vit élevé à ce grade, il forma le dessein de se rendre Souverain de sa patrie, sans vouloir en avoir l'obligation à personne, si ce n'est toutefois au seul Amilcar qui commandait alors les troupes Carthaginoises dans la Sicile ; et un matin, il assembla le peuple et le Sénat de Syracuse, comme s'il eût été question de délibérer sur quelque affaire important à la République. Puis, à un signal donné, il fit se jeter ses soldats sur tous les Sénateurs et les puissants citoyens, et les ayant fait assassiner, il s'empara du pouvoir absolu de la République, sans que personne s'y opposât. Or, quoique dans la suite il eût été battu deux fois par les Carthaginois, et qu'il fût enfin assiégé dans Syracuse même, non seulement il soutint les plus grands efforts des assiégeants, mais ayant laissé une partie de ses troupes dans la ville, il alla faire, avec le reste, une descente en Afrique, où il fit une telle diversion à ses ennemis, que non seulement il leur fit lever le siège de Syracuse, mais même il les mata si bien qu'ils se trouvèrent heureux de faire la paix avec lui, en lui abandonnant la Sicile, pourvu qu'il les laissât jouir paisiblement de l'Afrique.

Si l'on fait réflexion sur la conduite de cet homme, on verra que la Fortune eut peu de part à son élévation ; car sans être appuyé de personne, sa seule valeur l'ayant fait passer par tous les grades de l'armée, il parvint enfin à la Principauté, à travers tous les périls et toutes les fatigues ; et il s'y maintint malgré tous les dangers et les partis adverses. Cependant, l'on ne peut pas dire qu'il eût de la vertu, car donnera-t-on cet avantage à un homme qui assassine ses compatriotes, qui trahit ses amis, qui n'a ni foi, ni honneur, ni religion : par ces procédés l'on peut soumettre des Etats, mais l'on ne peut acquérir de la gloire. Cependant, si l'on regarde la conduite et le courage d'Agathoclès, lorsqu'il s'expose aux plus grands dangers, et qu'il s'en tire, si l'on fait réflexion sur sa fermeté à supporter sa mauvaise fortune, et à la surmonter, je ne vois pas qu'il soit inférieur aux plus grands guerriers de la terre. Mais sa férocité, sa barbarie et tous ses crimes ne lui laisseront jamais prendre rang parmi les grands hommes. Il ne faut donc point attribuer à la Fortune et au mérite la grandeur où il arriva, sans le secours de l'une ni de l'autre.

Le second exemple, qui s'est produit de nos jours, sous le Pontificat d'Alexandre VI, est celui d'un nommé Oliverotto da Fermo, qui étant demeuré orphelin fort jeune, fut élevé par un oncle maternel nommé Giovanni Fogliani. Dès qu'il fut en âge de porter les armes, son oncle le donna à Paulo Vitelli, sous lequel il espérait qu'ayant appris le métier de la guerre, il pourrait parvenir à quelque grade élevé. Après la mort de Paulo Vitelli, il se mit dans les troupes de Vitellezzo, frère de Paulo, où il ne tarda pas à s'élever aux premières charges, parce qu'il avait de l'esprit, du courage et de la force. Mais ce jeune homme, trouvant que c'était une chose indigne de lui, de dépendre d'un autre, forma le dessein de se rendre maître de Fermo, sa ville ; et pour cet effet il forma une intelligence avec quelques-uns de ses compatriotes à qui la servitude était plus chère que la liberté de leur patrie. Il s'assura, outre cela, de l'appui de Vitellezzo, son général. Après ces précautions, il écrivit à son oncle Fogliani, qu'ayant été longtemps hors de chez lui, il avait résolu de lui aller faire visite, et d'aller un peu reconnaître son patrimoine ; et que, ne s'étant exposé à toutes les fatigues et à tous les périls de la guerre que pour acquérir de la gloire, il serait bien aise de faire voir à ses compatriotes qu'il n'avait pas perdu son temps ; qu'il voulait donc les visiter avec cent cavaliers de ses amis et de ses gens. Il priait son oncle de faire en sorte que les habitants de Fermo le reçussent avec quelques marques de distinction, ce qui lui ferait de l'honneur à lui-même, puisqu'il était son neveu et son élève.

Fogliani répondit à son neveu avec toute l'honnêteté

possible ; et après lui avoir procuré une entrée glorieuse à Fermo, il le logea dans sa maison. Quand Oliverotto eut passé quelques jours dans la ville, et fait les préparatifs nécessaires pour la trahison qu'il méditait, il invita son oncle et tous les plus considérables de Fermo à un magnifique festin. Après qu'on eut mangé et parlé fort longtemps, Oliverotto conduisit adroitement la conversation sur des matières sérieuses, parlant de la grandeur du Pape, de César Borgia, son fils, et de leurs desseins. Fogliani et les autres répondaient à ce discours ; mais Oliverotto, se levant tout d'un coup, dit qu'il fallait discourir de tout cela avec précaution et dans un lieu plus secret. Là-dessus, il les mène dans un appartement de derrière, et dès que la compagnie fut assise, il sortit de plusieurs endroits des soldats qui étaient cachés et qui assassinèrent le malheureux Fogliani et tous les autres. Sans tarder, Oliverotto monte à cheval, et courant avec ses gens par la ville, va assiéger dans le palais le souverain Magistrat, qui étant intimidé, accorda à ce scélérat ce qu'il voulut : le gouvernement fut changé en sa faveur, et il fut déclaré Prince de Fermo.

D'abord, il se défit de tous les mécontents qui eussent pu l'inquiéter dans ses desseins ; ensuite, il appuya son autorité par de solides établissements politiques et militaires ; et pendant un an qu'il fut Prince de cette ville, il la posséda tranquillement, et se rendit, de plus, formidable à ses voisins. Il serait même devenu aussi difficile à déposséder que l'avait été Agathoclès, s'il ne se fût point laissé attraper par César Borgia, quand celui-ci (comme nous l'avons vu plus haut) persuada aux Orsini et aux Vitelli de venir à Sinigaglia ; car Oliverotto, s'étant aussi laissé persuader d'y aller, y fut étranglé avec Vitellezzo, son maître dans l'art de fourberie et de trahison : et cela un an après avoir commis son parricide.

Il est naturel de se demander comment il est possible qu'Agathoclès et des gens semblables aient pu vivre en sûreté dans leur pays, après y avoir commis tant de perfidies et de cruautés, et comment ils se purent défendre contre les ennemis du dehors, sans que leurs sujets aient jamais conspiré contre eux, alors qu'on a vu tant de cruels tyrans ne pouvoir se maintenir, même en temps de paix. Je crois que cette différence ne vient que de ce qu'on met en usage la cruauté bien ou mal à propos, (s'il est permis de dire que des crimes se commettent à propos). Les actions cruelles et violentes sont faites à propos, lorsqu'on n'en use qu'une seule fois, seulement pour assurer son autorité, et qu'ensuite on les met en usage pour le bien et la protection de ses sujets. La cruauté est employée imprudemment, lorsqu'elle va s'augmentant avec le temps. Ceux qui sont cruels de la première manière peuvent trouver, avec l'aide de Dieu et des hommes, les moyens de se maintenir, comme fit Agathoclès. Mais les autres n'y peuvent jamais réussir.

Voici donc la règle que doit observer l'usurpateur d'un Etat. C'est de faire d'un seul coup toutes les cruautés qu'il est obligé de faire ; par cette conduite, il ne sera pas contraint d'y revenir tous les jours, et il aura le temps et les moyens de remettre en repos l'esprit de ses sujets, et de gagner leur affection par sa protection et par ses bienfaits. Ceux qui se conduisent d'une autre manière, par petitesse d'esprit, ou pour être mal conseillés, sont toujours obligés d'avoir le couteau à la main ; et leurs sujets ne peuvent jamais prendre confiance en eux, leurs continuelles cruautés empêchant les peuples de pouvoir jamais compter sur leur parole.

Il faut donc faire tout d'un coup tout le mal qu'on croit être obligé de faire, afin que la mémoire n'en étant plus renouvelée, les peuples le ressentent moins, et que l'usurpateur en reçoive moins de préjudice ; mais il faut se conduire tout au contraire dans les bienfaits, qu'il faut faire goûter à longs traits, sans jamais les prodiguer tous à la fois.

Au reste, que les Princes se souviennent surtout de se conduire avec leurs peuples d'une manière uniforme, sans jamais changer, ni pour le bien, ni pour le mal. En effet, si la Fortune vous devient contraire, et que vous ayez à faire du mal, il n'est plus temps ; et si vous faites du bien, on ne vous sait aucun gré d'un changement que l'on juge forcé.

CHAPITRE NEUVIÈME

De la Principauté civile.

ENONS à présent à l'autre manière de parvenir à l'autorité suprême. J'ai déjà dit que c'est lorsqu'un bourgeois d'une République en devient Prince par la faveur de ses concitoyens, et sans employer la violence ni les crimes : cela peut s'appeler Principauté civile. Pour y parvenir, il n'est pas nécessaire d'y être conduit par la seule vertu ou par la seule Fortune, mais il est besoin de mettre en usage une heureuse finesse. On s'élève à ce grade par la faveur des grands ou par celle du peuple ; car toute République est remplie de ces deux sortes d'humeurs opposées ; ce qui vient de ce que le peuple ne veut pas être commandé ni opprimé par les grands, et de ce que les grands veulent commander et opprimer le peuple. Ces deux différentes inclinations produisent d'ordinaire l'un de ces trois effets : la Principauté, la liberté, ou l'anarchie. Les grands ou le peuple sont les auteurs de la Principauté, selon que l'une ou l'autre de ces deux factions en trouve la conjoncture. Lorsque les grands ne se voient pas en état de résister au peuple, ils jettent les yeux sur quelqu'un d'entre eux, et lui défèrent la Souveraineté, afin d'assouvir à son ombre leurs appétits. D'autre part le peuple, se voyant opprimé par les plus puissants de l'Etat, tâche aussi

de revêtir quelqu'un du pouvoir absolu, pour être protégé contre ses ennemis.

Le Prince qui est redevable de sa grandeur aux premiers citoyens, a plus de peine à se maintenir que celui qui l'a reçue du peuple ; parce que le premier se trouve environné de gens qui se regardent comme ses égaux, ce qui fait qu'il n'a pas le pouvoir de les commander comme il voudrait ; tandis que le Prince qui est devenu tel par la puissance du peuple, ne voit presque personne autour de lui qui ne soit soumis à ses ordres. De plus, il est impossible de satisfaire les grands sans faire du tort à quelqu'un, ce qui n'existe pas chez le peuple ; car l'intention des premiers est toujours mauvaise, et ne tend qu'à tyranniser les petits, tandis que ceux-ci, au contraire, ne demandent autre chose que d'être délivrés de l'oppression. Il est vrai qu'un Prince ne peut jamais être en repos quand tout son peuple l'a pris en aversion ; mais pour les grands, il peut aisément s'en assurer, parce que le nombre en est bien plus petit. Le pire qu'un Souverain puisse craindre de la part du peuple, c'est d'en être abandonné ; au lieu qu'à l'égard des grands, il a non seulement la même chose à craindre de leur part, mais, de plus, qu'ils ne prennent parti contre lui : comme ils sont plus prévoyants et plus rusés, ils savent prendre leur temps pour se tirer d'affaire, et trouvent les moyens de s'appuyer de quelque puissance capable d'abaisser leur Souverain.

Ce qui oblige encore un Prince à ménager le peuple, c'est qu'il doit vivre toujours avec le même peuple, tandis qu'il peut se passer des mêmes grands qu'il peut faire et défaire, ruiner et accréditer autant qu'il lui plaira. Mais pour faire mieux comprendre cette maxime, je dis qu'il faut diviser les grands en deux espèces : ceux qui s'attacheront entièrement à votre Fortune, et ceux qui n'en voudront point dépendre. Pour les premiers, vous devez les honorer et les chérir, pourvu qu'ils ne soient point trop avides ni intéressés. La seconde classe doit être encore subdivisée en deux. Les premiers sont ceux qui ne s'attachent point à vous parce qu'ils sont timides et peu entreprenants : il faut vous servir de ceux-là, particulièrement s'ils sont capables de donner de bons conseils, car ils vous feront honneur dans la prospérité, et dans les troubles vous n'aurez rien à craindre de leur part. Mais les seconds, ceux qui s'éloignent de vous par un dessein formé et par un principe d'ambition, vous devez les regarder comme des ennemis déclarés, étant certain qu'ils pensent bien plus à leurs intérêts qu'aux vôtres, et qu'ils profiteront de l'occasion pour ruiner vos affaires.

Il faut donc convenir que dès qu'on est élevé sur le trône par la faveur du peuple, il est absolument nécessaire de s'en faire aimer, ce qui est extrêmement aisé, car il n'exige rien que de n'être pas opprimé. Mais si l'on devient Prince par la faveur des grands, malgré le peuple, il faut d'abord gagner son amitié ; et pour en venir à bout, il n'y a qu'à le prendre sous votre protection : car, de même qu'on est plus sensiblement touché des bienfaits d'un homme dont on a cru ne devoir attendre que des mauvais traitements, de même, le peuple que vous aurez soumis malgré lui, et que vous protégerez ensuite, s'attachera plus fortement à vous que s'il vous avait élevé lui-même à la souveraine puissance. Or il y a des moyens différents pour gagner l'amour des peuples ; mais comme ils varient selon la disposition des différents sujets, il est impossible d'en donner des règles certaines, ce qui nous empêchera d'entamer cette matière. Je me contenterai seulement de répéter cette maxime si nécessaire : il faut qu'un Prince se fasse aimer de son peuple, autrement il n'aura point de remède dans l'adversité.

Nabis, Roi des Spartiates, soutint à lui seul les efforts de toute la Grèce et d'une armée Romaine illustre par un grand nombre de victoires ; et il maintint sa patrie et son Etat contre tant de puissances unies, en se protégeant seulement contre quelques personnes, ce qui lui eût été impossible, s'il avait eu tout le peuple contre lui. Au reste, pour combattre cette maxime, qu'on ne m'allègue point le proverbe vulgaire, que qui bâtit sur la faveur du peuple, bâtit sur la boue. Je sais bien qu'un particulier qui s'imagine que tout un peuple prendra son parti contre les ennemis ou contre les magistrats, se trompe assurément : comme il arriva jadis à Tiberius Gracchus, à Rome, et dans ces derniers temps, à Messer Giorgio Scali, à Florence. Mais un Prince qui comptera sur ses sujets, le fera toujours à coup sûr, pourvu qu'il ait de la gravité et du courage, sans s'étonner des insuccès, sans manquer à la prudence, et en animant les peuples par les bons ordres et par la fermeté.

Il est pourtant vrai que les particuliers qui veulent s'élever au pouvoir, sont exposés à succomber dans ce dessein, surtout s'ils n'exercent leur autorité que par le moyen des magistrats. Dans ce cas, le pouvoir du Prince est plus faible et plus en danger, parce qu'il dépend entièrement des citoyens qui sont en possession des charges, et qui peuvent, par conséquent, le dépouiller de ce pouvoir dans les temps de troubles, en prenant parti contre lui, ou en ne lui obéissant pas. Dans ces dangers-là, le Prince n'a pas le temps de se rendre absolu, parce que les citoyens qui ont toujours reçu les ordres des magistrats n'en voudront point accepter d'autres ; et le Prince, dans ces moments difficiles, aura beaucoup de peine à trouver des gens sur qui il puisse s'assurer. Il ne faut pas qu'il juge de ces temps-là comme de ceux où la tranquillité règne, et où les peuples ont besoin du Prince : chacun, alors, court, fait des promesses, chacun veut sacrifier sa vie pour lui, pendant que la mort est éloignée. Mais quand, dans l'adversité, le Prince a besoin de ses sujets, il n'en trouve guère, et il fait alors une expérience dangereuse, d'autant plus dangereuse qu'on ne peut la faire qu'une fois dans sa vie. Un Prince doit donc s'arranger de telle sorte que ses sujets, quels que soient le moment et les circonstances, lui soient toujours fidèles.

CHAPITRE DIXIÈME

Comment il faut s'y prendre pour bien juger de la force d'un État.

OUR bien juger de la qualité des Etats dont j'ai parlé, il faut faire encore une autre réflexion : savoir, si un Prince a assez de pays pour se soutenir lui-même en cas de nécessité, ou s'il a besoin du secours d'autrui. Pour mieux expliquer la chose, je dis que, selon mon avis, un Prince peut se soutenir lui-même lorsqu'il a assez de sujets et assez d'argent pour mettre sur pied une armée capable de livrer bataille à tout ennemi qui viendra l'attaquer ; au contraire, tout Souverain qui n'ose paraître en campagne, et qui est obligé de mettre ses forces à couvert dans des places, est du nombre de ceux qui ne peuvent se passer du secours des autres. Nous avons parlé des premiers, et dans la suite nous ajouterons ce qui reste à en dire. Pour les seconds, on ne peut faire autre chose que de conseiller à un Prince qui se trouve dans cet état, de bien fortifier la ville où il fait son séjour, et d'abandonner le plat pays. Car quiconque sera fortifié de cette manière, et aura conservé l'affection de ses peuples, ne sera pas fort exposé ; parce que, naturellement, les hommes n'aiment pas les entreprises où il se trouve beaucoup d'embarras :

et il n'est pas aisé de conquérir l'Etat d'un Prince dont la capitale est bien fortifiée, et qui est bien aimé de ses sujets.

Les villes d'Allemagne sont très libres, n'obéissant à l'Empereur que lorsqu'elles le jugent à propos ; elles ont peu de territoire, et cependant elles ne craignent aucun prince de leurs voisins, parce que chacun en juge la prise longue et difficile, vu qu'elles sont fortifiées régulièrement, fournies d'artillerie autant qu'il est nécessaire, et qu'elles gardent dans les celliers publics de quoi manger, boire et se chauffer pendant un an. De plus, afin que le menu peuple puisse subsister sans être à charge au public, l'Etat est toujours disposé de manière qu'il puisse, pendant un an entier, faire travailler tous les pauvres gens à ces sortes d'ouvrages qui deviennent ainsi la richesse et la force de la ville, et qui font gagner la vie à tous les artisans. Outre cela, tous les hommes capables de porter les armes les savent fort bien manier, et les magistrats ont établi de bonnes règles pour en maintenir l'exercice.

Tout Prince, donc, qui aura une place bien fortifiée, et qui sera aimé de ses peuples, est hors du danger d'être provoqué ; et quiconque l'entreprendrait, n'en remporterait que de la honte ; parce que, de la manière dont les choses sont à présent disposées dans le monde, il est presque impossible qu'on puisse demeurer devant une ville pendant une année entière. Et ne dites point que les habitants ne pourront souffrir qu'on ruine par le feu, par le fer et par le dégât, les possessions qu'ils ont hors de la ville, et que l'amour-propre, lassé par la longueur du siège, effacera bientôt l'amour qu'ils ont pour leur Souverain. Je réponds à cela qu'un Prince puissant et courageux surmontera aisément ces difficultés, tantôt en faisant espérer à ses sujets que le mal sera bientôt passé, tantôt en leur faisant appréhender la barbarie d'un ennemi vainqueur, et enfin en s'assurant habilement de ceux qui paraissent les plus hardis. En outre, tout le dommage qu'une armée ennemie peut causer, est fait dès son entrée dans le pays, dans un temps que ses habitants sont animés et portés à se bien défendre ; et quand le courage commence à se ralentir, les pertes sont faites et les maux sont sans remède : ce qui unit encore davantage les sujets au Prince, et confond leurs intérêts avec les siens, puisque c'est pour l'amour de lui qu'ils ont perdu leurs terres, et que leurs maisons sont brûlées. Tant il est vrai que les hommes s'attachent aussi fortement par les services qu'ils rendent que par ceux qu'ils reçoivent. Tout cela fait voir que, pourvu qu'on ne manque ni de vivres, ni de munitions, il est aisé à un Prince prudent de tenir ses peuples dans le devoir, aussi longtemps que le siège peut durer.

CHAPITRE ONZIÈME

Des Principautés ecclésiastiques.

MAINTENANT, il ne nous reste plus qu'à parler des Principautés possédées par des gens d'Eglise. Toutes les difficultés qu'elles offrent en précèdent la possession ; car s'il est vrai que la Fortune ou la valeur en procurent la conquête, il n'en est pas moins vrai qu'on s'y maintient ensuite sans l'une ni sans l'autre, à cause de la religion qui est enracinée de longue main dans l'esprit des peuples, ce qui est un principe assez puissant pour maintenir ces gens-là, de quelque manière qu'ils se conduisent. Les Souverains ecclésiastiques sont donc les seuls qui possèdent des Etats sans être obligés de les défendre, et qui ont des sujets qu'ils ne gouvernent pas ; et quoique leurs pays soient sans défense, personne néanmoins ne les attaque ; les peuples aussi, quoiqu'on n'en prenne point de soin, ne s'en mettent pas en peine, et ne pensent point à se détacher de leurs Princes. Mais comme cela provient d'une cause qui n'est pas naturelle, je n'entreprendrai point d'en parler, car ce serait une témérité de raisonner sur des matières qui dépendent si fort de la providence de Dieu.

Cependant, si l'on me demandait la raison pour laquelle

l'Eglise s'est élevée à une si grande puissance temporelle, alors qu'avant le siège d'Alexandre VI, non seulement les Potentats d'Italie, mais même les moindres Barons et Seigneurs, ne faisaient peu de cas, au moins dans le temporel, tandis que maintenant elle fait trembler un Roi de France, qu'elle a eu le pouvoir de le chasser d'Italie, et qu'elle a été capable de ruiner les Vénitiens, je crois qu'il ne serait pas sans intérêt que j'en fisse ici l'histoire, bien que ces faits soient connus de tout le monde.

Avant que Charles VIII, Roi de France, passât en Italie, elle était possédée par le Pape, les Vénitiens, le Roi de Naples, le Duc de Milan et les Florentins. Tous ces Souverains avaient deux principales choses à observer : l'une, d'empêcher qu'un étranger n'entrât chez eux la main armée ; l'autre, de faire en sorte que chacun se contentât de son bien, sans empiéter le moins du monde sur celui de ses voisins. Ceux dont on devait se méfier le plus étaient le Pape et les Vénitiens. Pour empêcher ces derniers de s'accroître, il fallait que tous les autres fissent ligue ensemble, comme cela parut dans la défense de Ferrare ; et pour tenir les Papes dans le devoir, on se servait des Barons romains, qui étaient divisés en deux factions, les Orsini et les Colonna, lesquelles, étant toujours en jalousie l'une de l'autre, et ayant perpétuellement les armes à la main, jusque sous les yeux du Pape, affaiblissaient extrêmement son autorité. Or, quoique, de temps en temps, on vît régner quelque Pape courageux, tel que fut Sixte IV, néanmoins il ne fut jamais assez heureux, ou assez habile, pour se délivrer de ces embarras. La brièveté de la vie des Papes en était aussi la cause ; car en dix ans de règne, tout ce qu'ils pouvaient faire était d'abaisser l'une des factions ; et si l'un d'eux avait, pour ainsi dire, presque détruit les Colonna, le successeur, qui se trouvait hostile aux Orsini, relevait leurs rivaux, sans avoir le temps de les abaisser eux-mêmes : c'est ce qui rendait les forces temporelles des Papes de si petite considération en Italie.

Mais Alexandre VI étant enfin monté sur le trône pontifical, fit bien voir ce qu'un Pape est capable de faire avec ses forces et son argent, quand il sait bien s'en prévaloir. Car, par le moyen du Duc de Valentinois et du passage des Français en Italie, il fit tout ce que j'ai rapporté ci-dessus, grâce aux menées du Duc. Et quoique ce Pape n'eût pas l'intention de rendre l'Eglise puissante, mais seulement d'élever son fils, tout ce qu'il fit néanmoins alla au profit de l'Eglise, qui, le Duc mort, profita de ses peines.

Le Pape Jules II étant élu après la mort d'Alexandre, trouva l'Eglise fort élevée par l'augmentation de toute la Romagne et par l'extinction des Barons de Rome ; de plus, il trouva encore les moyens tout disposés pour amasser des finances, ce qu'Alexandre n'avait pu faire. Mais Jules le fit fort bien, et alla même encore plus loin, de sorte qu'il forma le dessein de conquérir Bologne, de détruire les Vénitiens et de chasser les Français d'Italie ; et tout cela lui réussit, avec d'autant plus de gloire pour lui qu'il n'eut en vue que la grandeur de l'Eglise, sans penser à élever aucun particulier. Il retint encore les Colonna et les Orsini dans l'état où son prédécesseur les avait réduits ; et quoiqu'il y eût entre eux quelque disposition à de nouvelles discordes, néanmoins deux choses les retinrent toujours dans le devoir : l'une fut la puissance de l'Eglise qui les effrayait ; l'autre venait de ce qu'il n'y avait plus de Cardinaux dans leurs maisons, ce qui, d'ordinaire, était la cause de leurs brouilleries ; car, tant que ces factions auront des Cardinaux, elles ne seront jamais en repos : en effet, ceux-ci fomentent les animosités au-dehors et dans Rome, et les Barons sont obligés de les soutenir : de sorte que l'ambition des Prélats est la cause des querelles sanglantes des Barons.

Sa Sainteté le Pape Léon X a donc trouvé, lorsqu'Elle

vint au pouvoir, le Pontificat dans sa plus grande puissance. Mais, si Alexandre et Jules l'ont élevé si haut par la force des armes, Sa Sainteté Léon X le rendra très glorieux et très vénérable par sa bonté, et par toutes les grandes qualités dont Elle est ornée.

CHAPITRE DOUZIÈME

*Des différentes espèces de milices
et des soldats mercenaires.*

PRÈS avoir traité de toutes les espèces de Principautés dont je m'étais proposé d'abord de discourir, et après avoir examiné le bien et le mal qui se rencontrent dans chacune de ces espèces, aussi bien que les moyens que les hommes ont employés pour s'en rendre maîtres et s'y conserver, il me reste maintenant à examiner en général les ressources que présentent les différentes milices, soit pour se défendre, soit pour attaquer.

Nous avons dit, ci-dessus, qu'un Prince ne peut subsister si son autorité n'est pas établie sur de bons principes ; ceux qui sont absolument nécessaires à toutes sortes d'Etats, (les nouveaux, les vieux et les mixtes), sont les bonnes lois et les bonnes troupes ; et comme il ne peut y avoir de bonnes lois sans de bonnes troupes, ni de bonnes troupes sans de bonnes lois, je ne parlerai point à présent des lois, m'arrêtant simplement à ce qui regarde la milice.

Je dis donc qu'un Prince peut défendre son Etat, ou avec ses propres troupes, ou avec les mercenaires, ou avec les auxiliaires, ou avec les mixtes. Les auxiliaires et les mercenaires sont inutiles et dangereuses. Tout Etat qui ne s'appuiera que sur des armées de cette nature ne sera jamais en sûreté, parce qu'elles sont toujours en division entre elles, sans discipline, ne cherchant que leur intérêt, infidèles, brutales envers les amis, lâches envers les ennemis, sans crainte de Dieu, sans foi vis-à-vis des hommes : de sorte que la ruine d'un Etat qui se fonde sur elles n'est différée qu'autant de temps qu'il n'est point attaqué. Dans la paix vous êtes pillé par ces gens-là, et dans la guerre ils vous laissent piller par les ennemis. Leur raison d'agir ainsi vient de ce qu'ils n'ont pas d'autre motif de vous servir qu'une petite solde, ce qui n'est pas suffisant pour les amener à vouloir mourir pour vous. Ils veulent bien vous servir pendant que vous n'avez point de guerre, mais quand elle sera venue, ils déserteront ou fuiront.

Je n'aurais pas beaucoup de peine à démontrer ce que j'avance là, car la ruine de l'Italie n'est venue que de ce qu'elle s'est entièrement reposée, pendant plusieurs années, sur des troupes mercenaires ; celles-ci, dans quelques occasions, eurent un peu de succès et paraissaient avoir quelque valeur les unes contre les autres ; mais dès qu'un ennemi étranger vint à paraître, elles firent bien voir ce qu'elles valaient. De sorte que Charles VIII conquit toute l'Italie en ne faisant que marquer les logis. Et on avait bien raison de dire que nos péchés en étaient la cause : mais ce n'était pas tant ceux que l'on disait, que ceux dont je viens de parler. Et comme les Princes étaient les premiers coupables, ils furent les premiers à en payer la peine.

Mais je veux faire voir mieux encore le grand malheur à quoi l'on s'expose en se confiant à ces armées. Les capitaines mercenaires sont des gens de mérite, ou ils ne le sont pas. Dans le premier cas, vous ne pouvez pas compter sur eux, car étant toujours ambitieux, ils tâcheront de s'élever, soit en vous opprimant vous-même, quoique vous soyez leur maître, soit en faisant la guerre d'une manière qui ne réponde pas à vos intentions. Si d'autre part, ces capitaines manquent de mérite, ils vous laisseront périr.

Si vous répondez à cela que quiconque commandera vos armées sera toujours en état d'en user de la sorte, qu'il soit mercenaire ou non, je répliquerai qu'un Etat qui fait la guerre est une Monarchie ou une République. Dans une Monarchie, le Prince lui-même doit commander ses armées ; et pour la République, elle en doit donner la charge à ses propres citoyens : et si celui qui en est revêtu, n'en est pas capable, elle doit l'en dépouiller ; et s'il en est capable, elle doit le brider si bien par de bonnes lois, qu'il ne puisse jamais passer les bornes de son devoir.

L'expérience appuie fort ce raisonnement, car on ne voit faire de grands progrès que les Princes qui font la guerre en personne, et les Républiques aguerries. C'est le contraire pour les Etats qui n'ont de troupes que mercenaires ; et une République qui s'en sert est bien plus exposée à être soumise par un de ses citoyens, que celle qui n'a point d'autre armée que de ses sujets.

Rome et Sparte furent libres et aguerries pendant plusieurs siècles. Les Suisses, à présent, sont très libres et très aguerris. A l'égard des Etats anciens qui se servirent de troupes étrangères, nous avons la République de Carthage, qui, après la première guerre contre les Romains, fut sur le point de périr par la faute de ses soldats mercenaires, quoiqu'ils fussent commandés par ses propres citoyens. Après la mort d'Epaminondas, les Thébains donnèrent le commandement de leurs armées à Philippe de Macédoine, qui après avoir battu l'ennemi, vint à bout de les dépouiller de leur liberté. Les Milanais, après la mort du Duc Philippe, donnèrent à leurs troupes François Sforza pour général, dans la guerre contre les Vénitiens ; il battit ces derniers à Caravaggio, puis il se ligua avec eux pour assujettir les Milanais, ses maîtres. Son père, Sforza, qui était aux gages de la Reine Jeanne de Naples, l'abandonna tout d'un coup : en sorte que, pour éviter sa perte, elle fut obligée de se jeter entre les bras du Roi d'Aragon.

Si l'on m'objecte que les Vénitiens et les Florentins n'ont pas laissé d'augmenter leur puissance avec des armées de cette nature, sans que pourtant leurs capitaines fussent devenus leurs maîtres, mais qu'au contraire ils les ont toujours bien défendus, je réponds que les Florentins, à cet égard, ont été favorisés par le sort : car de tous les braves capitaines dont ils pouvaient appréhender quelque chose, les uns n'ont point battu les ennemis, les autres ont toujours rencontré des rivaux qui rompaient leurs mesures, et les derniers, enfin, ont tourné leur ambition d'un autre côté. L'un de ceux qui ne battirent point les ennemis, et dont par conséquent on ne pouvait connaître les dispositions, fut Giovanni Acuto ; mais il faut avouer de bonne foi que s'il eût remporté une victoire, les Florentins étaient à sa disposition. Sforza eut toujours les Bracceschi en tête, et leurs jalousies mutuelles les mettaient hors d'état de rien entreprendre au préjudice de leurs maîtres. Sforza porta toutes ses pensées sur la Lombardie, et Braccio sur l'Eglise et le Royaume de Naples.

Mais examinons un peu ce qui s'est passé il n'y a pas longtemps. Les Florentins avaient élevé à la charge de capitaine, Paulo Vitelli, homme d'une prudence consommée, et qui d'un état fort simple était parvenu à une haute fortune. Si celui-ci fût venu à bout de prendre la ville de Pise, tout le monde avouera que les Florentins étaient obligés de le retenir toujours à leur service, car ils étaient perdus s'il fût passé du côté de leurs ennemis ; mais en le gardant, ils étaient condamnés à lui obéir.

A l'égard des Vénitiens, si l'on fait réflexion sur leurs succès, on verra qu'ils ont fait la guerre avec gloire, tant qu'ils l'ont faite avec leurs propres troupes, ce qu'ils ont constamment pratiqué lorsqu'ils n'ont point eu la pensée de faire des conquêtes en terre ferme : dans ces temps-là, ils ont toujours agi avec beaucoup de valeur, leurs armées n'étant composées que de leurs gentilshommes et de leur plèbe. Mais dès qu'ils commencèrent à combattre sur terre, ils perdirent cette valeur et suivirent la norme de toute l'Italie. Il est vrai que dans le commencement de leurs conquêtes sur terre, ils n'avaient pas beaucoup à craindre de la part de leurs généraux, parce qu'ils n'avaient encore que peu de territoire, et qu'ils étaient encore fort estimés pour leur valeur ; mais quand ils se furent accrus, ce qui arriva du temps de Carmignola, ils commencèrent à s'apercevoir du mauvais parti qu'ils avaient pris ; car après avoir, par son moyen, battu le Duc de Milan, ils connurent, d'un côté, qu'il était fort grand capitaine, mais s'aperçurent, d'autre part, qu'il ne faisait plus la guerre avec la même chaleur, et qu'il ne remportait plus de grands avantages. Or, ils ne voulaient pas, et même ils ne pouvaient pas lui donner son congé, de peur de perdre par son ressentiment ce qu'ils avaient conquis par sa valeur : pour sortir de cet embarras, ils furent obligés de le faire sortir de ce monde. Depuis ce temps-là, ils ont eu à la tête de leurs armées, Bartolomeo da Bergamo, Ruberto da San Severino, le Comte de Pitigliano et d'autres semblables, dont la maladresse fut beaucoup plus dangereuse pour la République que l'ambition ; ce qui ne parut que trop à Vaila, où ils perdirent en un jour ce qu'ils avaient conquis pendant huit cents ans, avec des peines infinies. C'est ce qui arrive toujours avec des armées de cette nature, dont les conquêtes sont lentes, paresseuses et débiles, et dont les pertes sont promptes et surprenantes.

Mais puisque ces exemples nous ont conduits à l'Italie, qui n'a eu depuis longtemps que des armées mercenaires, j'ai dessein d'en parler en prenant les choses de plus haut, afin que, voyant leur origine et leurs exploits, on puisse se corriger à leur sujet.

Il faut savoir que dès que l'Empire fut transporté hors d'Italie, et que le Pape eut commencé à s'élever à l'égard du temporel, l'Italie se divisa en un grand nombre d'Etats. La plupart des grosses villes prirent les armes contre les nobles qui les tyrannisaient à la faveur des Empereurs ; et l'Eglise prenait le parti des peuples, afin de s'élever à une grandeur temporelle. Dans beaucoup d'autres villes, des citoyens devinrent Princes. Toute l'Italie donc, étant presque entièrement soumise à l'Eglise ou à quelques particuliers qui en formèrent des Républiques et des Principautés, il arriva que ces Prêtres et ces bourgeois qui n'avaient jamais manié les armes, commencèrent à prendre à leurs gages des étrangers. Le premier qui mit cette espèce de milice en réputation, fut un nommé Alberigo da Como, de la Romagne. Ce fut à son école que se formèrent, entre autres, Braccio et Sforza, qui furent, dans leur temps, les arbitres de l'Italie. A ceux-ci succédèrent tous ceux qui, jusqu'à nos jours, ont commandé les armées d'Italie ; et le succès de cette belle conduite et de la valeur de ces gens-là, a été que tous ces beaux pays ont été courus par Charles VIII, pillés par Louis XII, forcés par Ferdinand et maltraités par les Suisses.

Tous ces mercenaires, pour mettre en crédit leurs propres troupes, qui n'étaient que de cavalerie, commencèrent par décrier l'infanterie. Ils en usèrent de la sorte, parce que n'étant maîtres d'aucun Etat, il fallait qu'ils subsistassent par leur industrie ; or une petite troupe d'infanterie ne les eût pas rendus redoutables, et ils n'étaient pas en état d'en entretenir une grande : ce qui leur fit prendre le parti de la cavalerie, dont ils pouvaient entretenir une quantité médiocre et suffisante pour être craints ; et les choses en vinrent à tel point que, dans une armée de vingt mille hommes, à peine trouvait-on deux mille fantassins.

Outre cette politique, ils avaient mis en usage toutes sortes de moyens pour s'épargner et épargner à leurs soldats la fatigue et le danger ; car ils ne se tuaient point dans les combats, se contentant de faire des prisonniers qu'ils renvoyaient sans rançon. Jamais ils ne tiraient de nuit sur la Place qu'ils assiégeaient, et ceux de la Place ne tiraient jamais, pendant ce temps-là, sur les assiégeants. Ils ne faisaient jamais de tranchées ni de palissades autour de leurs camps ; et jamais ils ne restaient en campagne l'hiver. Ils avaient introduit toutes ces méthodes dans les mœurs militaires pour éviter (comme je l'ai dit) la fatigue et les périls ; tant et si bien qu'ils conduisirent l'Italie à l'esclavage et au mépris.

CHAPITRE TREIZIÈME

Des soldats auxiliaires, mixtes et nationaux.

ES autres troupes nuisibles sont celles qu'on appelle troupes auxiliaires, qui sont proprement celles qu'un Potentat envoie pour vous aider ou vous défendre : comme fit naguère le Pape Jules II qui, s'étant aperçu que ses troupes mercenaires n'avaient rien fait qui vaille dans son entreprise contre Ferrare, se tourna vers les auxiliaires, et engagea Ferdinand, Roi d'Espagne, à l'assister de ses forces. Des armées de cette nature peuvent être bonnes en elles-mêmes ; mais elles sont toujours pernicieuses à ceux qui s'en servent : si vous êtes battu avec elles, vous êtes perdu ; et si vous remportez la victoire, vous demeurez leur prisonnier.

Or, bien que l'histoire ancienne soit remplie de ces exemples, je veux pourtant m'en tenir à celui de Jules II, qui est encore récent. Ce Pape ne pouvait prendre un plus méchant parti que de se remettre entièrement entre les mains d'un étranger, dans le seul but de conquérir Ferrare. Mais sa bonne fortune fit naître un troisième parti qui le garantit des suites de son imprudence. Lorsque ses auxiliaires eurent été défaits à Ravenne, il arriva, contre son espérance et contre celle de tout le monde, que les Suisses chassèrent les vainqueurs ; ce qui l'empêcha de tomber entre les mains de ses ennemis, puisqu'ils furent mis en fuite, et d'être réduit à la discrétion des auxiliaires, puisqu'il s'était tiré d'affaire par un autre secours que le leur.

Les Florentins n'ayant aucune troupe sur pied, entreprirent le siège de Pise avec dix mille Français, ce qui les mit dans le plus grand péril qu'ils aient jamais éprouvé. L'Empereur de Constantinople, voulant s'opposer à ses voisins, attira dans la Grèce dix mille Turcs qui n'en voulurent jamais partir depuis, et qui commencèrent à jeter les fondements de son esclavage.

Si donc un Prince veut se mettre hors d'état de remporter le moindre avantage, il n'a qu'à se servir de ces sortes de troupes, qui sont encore bien plus dangereuses que les mercenaires, car elles sont bien plus en état de vous perdre, étant unies entre elles, et soumises tout entières à une puissance étrangère. Au lieu que les troupes mercenaires, ne formant pas un seul corps, et étant rassemblées et payées par vous, ont besoin pour vous nuire de plus de temps et d'une occasion plus propice ; de plus, un chef que vous leur donnez vous-même, ne peut pas acquérir du crédit si promptement qu'il soit en état de se soulever contre vous. En somme, ce que vous devez le plus redouter de la part des mercenaires, c'est la lâcheté, et de la part des auxiliaires, c'est la valeur. Un Prince qui se conduira avec prudence ne se servira jamais de ces sortes de troupes, et il aimera mieux périr avec des armées composées de ses propres sujets que de vaincre avec d'autres ; parce que ce n'est pas une véritable victoire que celle qu'on remporte par le moyen d'autrui.

Je ne ferai jamais difficulté de donner en exemple César Borgia et ses actions. Quand ce Duc entra dans la Romagne, il n'avait à son secours que des Français avec lesquels il prit Imola et Furli. Mais ne croyant pas trop sûr de se fier à des troupes de cette espèce, il en employa des mercenaires qu'il crut moins dangereuses : il prit à sa solde les Orsini et les Vitalli ; mais, il s'aperçut bientôt que ces troupes étaient incertaines, infidèles et périlleuses ; et les ayant cassées, il se tourna vers ses propres sujets.

Son exemple nous fait voir la différence qu'il y a entre ces différents genres de troupes, si l'on songe à la distance qu'il y avait entre la réputation du Duc alors qu'il se servait des Orsini et des Vitelli, et celle qu'il acquit lorsqu'il n'eut plus d'autres soldats que ses propres sujets. Jamais il ne fut si fort estimé que lorsqu'on le vit entièrement maître de ses forces.

Quoique j'eusse résolu de ne point chercher d'exemples hors de l'Italie, ni dans des temps éloignés, je ne puis pourtant m'empêcher de parler d'Hiéron de Syracuse, qui est un de ceux dont j'ai fait mention ci-dessus. Quand les Syracusains (comme je l'ai déjà dit) l'eurent mis à la tête de leurs armées, il s'aperçut immédiatement que les troupes mercenaires étaient fort peu de chose, et que les officiers étaient faits comme ceux que nous avons en Italie. Considérant donc qu'il était également dangereux de les garder ou de les congédier, il les fit tous tailler en pièces. Dans la suite, il ne se servit plus que de ses propres troupes.

J'évoquerai encore une figure de l'ancien Testament, qui me semble ici à sa place. David s'étant offert à Saül pour aller combattre Goliath qui insultait les Israélites, le Roi crut encourager ce jeune homme en le revêtant de ses armes ; mais David les ayant essayées, ne s'en voulut point servir, disant qu'il ne pouvait pas en tirer d'usage, qu'elles l'incommodaient, et qu'il ne voulait combattre l'ennemi qu'avec sa fronde et son couteau. En somme, les armées des autres, ou vous tournent le dos, ou vous pèsent, ou vous empêchent.

Charles VII, père de Louis XI, ayant par la Fortune et par sa valeur chassé les Anglais de ses Etats, vit bien la nécessité qu'il y avait d'avoir des armées composées de ses propres sujets ; ce qui l'obligea d'établir dans son

Royaume des gens d'armes et de l'infanterie. Ensuite, le Roi Louis XI abolit cette infanterie, et mit à sa place des Suisses ; et ce mauvais principe, ayant été suivi par les successeurs de ce Prince, a été la cause des risques où cette Monarchie s'est vue exposée depuis. C'est que ces Rois, ayant mis en crédit les Suisses, ont avili leurs propres armées en abolissant entièrement leur infanterie et en accoutumant leur cavalerie à ne combattre qu'avec des Suisses, ce qui leur semble la condition de la victoire. Cela est cause que les Français ne peuvent se battre contre les Suisses, et sans les Suisses, ne peuvent vaincre les autres. Les armées de France sont donc composées de troupes mixtes, en partie nationales, en partie mercenaires. Ces armées sont pourtant beaucoup meilleures que celles qui seraient composées seulement de mercenaires, ou seulement d'auxiliaires ; mais elles sont fort inférieures à celles qui ne sont composées que de nationaux.

Cet exemple doit suffire ; car si l'on eût perfectionné ou conservé l'ordre établi par Charles VII, la France serait un Royaume invincible. Mais l'imprudence des hommes leur fait commencer une chose qui leur semblant bonne d'abord, cache le venin qu'elle renferme, comme je l'ai dit à l'égard des fièvres étiques. Un Prince, donc, n'est pas véritablement prudent, s'il ne connaît les maux que quand il les voit ; et il est donné à peu de gens de les prévoir.

Si vous considérez d'où est venue la décadence de l'Empire romain, vous verrez qu'elle doit sa naissance à l'habitude qu'on prit de se servir de troupes Gothiques : ce qui fit que les forces de l'Empire commencèrent à s'énerver ; de sorte que sa puissance, qui se tirait autrefois de lui-même, ne dépendit plus, dans la suite que des Goths.

Concluons donc que tout Prince qui ne se soutiendra pas par ses propres forces, ne pourra jamais être en sûreté, mais dépendra entièrement des caprices de la Fortune, n'ayant pas de quoi se soutenir lui-même dans les temps de disgrâce. Car rien n'est plus solide que la maxime des sages de tous les siècles : Que rien n'est plus fragile ni plus instable que la réputation de puissance de ceux qui ne l'ont pas fondée sur leurs propres forces. Or, j'appelle forces propres, celles qui ne sont composées que des véritables sujets ou compatriotes, ou de vos créatures ; tout le reste ne mérite que le nom de mercenaires ou d'auxiliaires. A l'égard de la manière de régler des armées composées de ses sujets, rien n'est plus facile, si l'on réfléchit aux maximes dont j'ai parlé ci-dessus, et si l'on examine de quelle manière en ont usé Philippe, père d'Alexandre le Grand, et plusieurs autres Princes et Républiques : que l'on s'en réfère aux matières mêmes.

CHAPITRE QUATORZIÈME

Touchant ce qui regarde le Prince par rapport à la milice.

 N Prince doit donc n'avoir point d'autre objet, d'autre penser, et ne prendre aucune chose à cœur, si ce n'est l'art de la guerre et les règles et disciplines qu'il comporte. C'est le seul art qui intéresse celui qui commande ; il est d'ailleurs si considérable, qu'il peut seul maintenir les Princes sur le trône, et y faire monter quelquefois des particuliers. Au contraire, on a souvent vu des Souverains perdre leur couronne pour avoir préféré la mollesse aux fatigues de la guerre. Ainsi, la connaissance de cet art peut seule vous maintenir, comme le seul mépris que vous en aurez peut vous perdre.

François Sforza, avec le seul esprit des armes, devint Duc de Milan, de simple particulier qu'il était ; et ses descendants, pour avoir négligé la guerre, retournèrent dans la bassesse. Car sans compter les autres inconvénients que produit l'ignorance de la guerre, tout Prince qui est sans défense est exposé au mépris : c'est ce qu'un Souverain doit éviter par-dessus toutes choses, comme nous le prouverons plus loin. La différence est extrême entre un Prince armé et celui qui ne l'est pas ; la raison même semble désapprouver qu'un homme en armes obéisse de bon gré à celui qui est désarmé, et que ce dernier soit en sûreté au milieu de serviteurs aguerris. Ceux-ci méprisent leur maître, qui de son côté vit en méfiance avec eux : ces différentes dispositions d'esprit font bientôt naître la mésintelligence. En un mot, un Prince qui ne connaît point l'art de la guerre ne peut être estimé de ses troupes, ni se fier à elles. Que jamais donc un Prince ne néglige l'art de la guerre, et qu'il s'y applique même plus fortement en temps de paix, ce qu'il peut faire de deux manières : par la théorie et par la pratique.

A l'égard de la pratique, il faut, premièrement, tenir les sujets dans une bonne discipline et dans de fréquents exercices ; il faut encore que le Prince s'exerce souvent à la chasse, et par ce moyen, endurcisse son corps à la fatigue ; il apprendra à connaître la nature des sites ; il se formera la vue à juger des hauteurs, des vallons et des plaines ; il se rendra habile à juger de la disposition des rivières et des marais. Quand il se sera bien appliqué à se rendre savant dans toutes ces choses-là, il en tirera deux avantages. Le premier sera de connaître fort bien la situation de son propre pays, et par conséquent, de quelle manière il est plus aisé de le défendre. Le second sera, qu'étant accoutumé à juger le pays à la vue, il acquerra la facilité de connaître plus promptement ceux qu'il n'aura jamais vus. Car les collines, les vallées, les plaines, les fleuves et les palus qui sont dans la Toscane sont faits comme ceux des autres provinces : et si l'on juge bien des uns, il sera facile de bien juger des autres. Tout Prince qui ne s'est pas formé à cela, manque de la première qualité nécessaire à un capitaine ; car elle enseigne à surprendre l'ennemi, à installer les camps, à régler les marches d'une armée, à la bien ranger en bataille, et à investir les Places avec avantage.

Philopœmen, Prince des Achéens s'est acquis une grande réputation dans l'Histoire, principalement pour s'être attaché à étudier la guerre en temps de paix. Quand il cheminait par la campagne avec ses amis, il s'arrêtait souvent et leur demandait : Si l'ennemi se rencontrait à présent sur ces hauteurs, et que nous fussions ici avec nos troupes, qui des deux partis aurait l'avantage ? De quelle manière pourrions-nous aller vers lui avec sûreté et en gardant bien nos rangs ? Si nous étions obligés de faire retraite, par où faudrait-il commencer ? Si l'ennemi la faisait, comment ferions-nous pour le poursuivre ? Ainsi, en se promenant, il leur proposait tout ce qui peut survenir à une armée en marche ; il écoutait leur sentiment, il leur disait le sien, et l'appuyait de bonnes raisons. A force d'étudier tous les différents événements, il en avait acquis une telle habitude, qu'il n'en pouvait survenir aucun à la guerre qu'il n'eût prévu en temps de paix, et auquel il ne fût en état de remédier.

Pour ce qui regarde la théorie, il faut qu'un Prince lise l'Histoire. Qu'il s'attache à faire de bonnes réflexions sur les actions des grands hommes ; qu'il examine ce qu'ils ont fait à la guerre, pourquoi ils ont gagné ou perdu des batailles, afin qu'imitant ce qu'il y a de bon dans leur conduite, il évite les fautes qu'ils ont faites. Surtout, qu'il s'en propose quelqu'un des plus parfaits pour modèle, et qu'il fasse en cela ce que d'autres grands hommes ont pratiqué, ayant toujours devant les yeux les plus belles actions du héros dont le caractère leur convenait le plus. C'est ainsi qu'Alexandre le Grand s'inspirait d'Achille, César d'Alexandre, et Scipion de Cyrus. En effet, si vous lisez avec soin la vie de Cyrus écrite par Xénophon, vous verrez aisément que Scipion en était une glorieuse copie, et qu'il représentait au naturel, la pureté, la douceur, l'honnêteté et le généreux désintéressement que Xénophon a attribués à Cyrus.

Voilà ce que doit faire un Prince judicieux : n'être jamais oisif en temps de paix, mais agir avec industrie, pour conserver sa valeur dans l'adversité, afin que, si la Fortune venait à lui manquer, il se trouve prêt à la vaincre.

CHAPITRE QUINZIÈME

De ce qui rend les hommes, et surtout les Princes, dignes de louange ou de blâme.

NOUS avons à examiner maintenant de quelle manière un Prince doit se gouverner avec ses sujets et avec ses amis. Mais parce que d'autres ont traité cette question j'appréhende de passer pour téméraire si j'entreprends de la traiter aussi, surtout en m'éloignant, comme je le fais, des principes que les autres ont gardés. Mais comme mon dessein est d'écrire quelque chose d'utile pour qui l'entend, j'ai cru qu'il serait plus à propos de m'attacher à la réalité des choses qu'à l'imagination. (Combien de gens nous ont donné des idées et des peintures de Républiques et de Principautés dont il n'y eut, ni n'y aura jamais d'originaux). Il y a si loin de ce que l'on fait à ce que l'on devrait faire, que tout homme qui réglera sa conduite sur l'idée du devoir des hommes et non pas sur ce qu'ils sont en effet, connaîtra plus vite la ruine que la sécurité. Car un homme qui voudra faire en toutes choses profession de vertu, périra dans la cohue des scélérats. C'est pourquoi tout Prince qui voudra conserver son Etat, doit apprendre à n'être pas toujours bon, mais à user de la bonté selon les circonstances.

Je laisse donc là les belles idées que l'on nous donne

sur les Princes, et ne m'arrêtant qu'à la vérité, je dis que tous les hommes, et particulièrement les Princes, qui sont plus exposés, se distinguent tous par des caractères qui leur attirent le blâme ou l'approbation ; c'est-à-dire, que les uns passent pour libéraux, les autres pour miséreux (pour user d'une expression toscane, parce que, dans notre langue, on appelle l'avare, miséreux, en ce sens qu'il se prive de jouir de son bien) ; que les uns répandent les grâces, les autres pillent et dérobent ; que les uns sont humains, d'autres cruels, d'autres perfides, d'autres loyaux ; que les uns sont efféminés et lâches, les autres fiers et hardis, lascifs ou chastes, sincères ou astucieux, sévères ou indulgents, graves ou étourdis, religieux ou incrédules, etc.

Je ne doute point que tout le monde ne souhaite dans un Prince tous les caractères les plus honnêtes dont nous venons de parler. Mais parce qu'il est impossible qu'il les ait tous, ni même qu'il les adopte, à cause de l'état corrompu où se trouvent les hommes, sa prudence le doit porter à éviter particulièrement les défauts qui peuvent lui faire perdre ses Etats. Quant aux vices moins dangereux, il doit faire son possible pour n'y pas tomber ; et si cela ne se peut, qu'il s'y abandonne avec un peu de circonspection. Il faut même que le Prince ne se fasse pas une affaire d'avoir certains défauts sans lesquels il ne peut absolument conserver sa couronne. Car, en y réfléchissant bien, on constatera que certaines choses paraissent vertueuses qui pourtant, à les suivre, entraîneront la ruine du Prince, tandis que d'autres, qui paraissent vicieuses, lui donneront bien-être et sécurité.

CHAPITRE SEIZIÈME

De la libéralité et de l'avarice.

N commençant ce chapitre, je parlerai des deux premières qualités que je viens d'indiquer ; et je dis qu'il est avantageux à un Prince de passer pour libéral. Cependant, cette qualité peut lui être nuisible, s'il en use jusqu'à n'être plus respecté. Mais s'il en use avec mesure et comme il faut, elle restera discrète, et il échappera à la réputation du vice opposé. Au contraire, à vouloir passer dans le monde pour véritablement libéral, il devient nécessaire de ne négliger aucune occasion d'être somptueux, ce qui consumera toutes les finances d'un Prince : il sera obligé, pour garder cette réputation de libéralité, de surcharger ses sujets, de rechercher les occasions de confiscation, et d'en venir à des moyens indignes pour remplir ses coffres, ce qui le rendra odieux à son peuple et méprisable à tout le monde, comme s'il était devenu pauvre. Ainsi, s'étant fait peu d'amis par sa libéralité, et beaucoup d'ennemis pour la soutenir, il est exposé à la plus petite révolution, et il court de grands risques dans les moindres mouvements. Il ne manque pas de s'en apercevoir, et pour y remédier, il tombe dans la réputation d'être avare et resserré.

Puisqu'un Prince, donc, ne peut, sans s'exposer beaucoup, parvenir à passer pour magnifique, il doit, s'il est sage, mépriser ce surnom d'avare, parce qu'avec le temps cette réputation s'efface, lorsqu'on voit que grâce à son économie ses revenus ordinaires lui suffisent, qu'il peut se défendre et faire la guerre sans surcharger ses sujets, et qu'enfin il est véritablement libéral envers l'infinité de ceux à qui il laisse la paisible possession de leurs biens, s'il est resserré à l'égard d'un petit nombre de gens.

De nos jours, nous n'avons vu réussir que ceux qui passaient pour avares ; les autres ont tous péri. Le Pape Jules II travailla à se faire passer pour libéral, afin de s'ouvrir le chemin au Pontificat ; mais dès qu'il eut résolu de faire la guerre au Roi de France, il négligea cette réputation : ce qui fut cause qu'il soutint plusieurs guerres sans mettre un seul impôt nouveau sur ses sujets, parce qu'il avait substitué à ses dépenses somptuaires une longue parcimonie. Le Roi d'Espagne d'aujourd'hui n'aurait pas eu tant d'heureux succès, s'il eût voulu passer pour libéral.

Qu'un Prince judicieux méprise donc ceux qui parlent de lui comme d'un avare, pourvu qu'il ne vole rien à ses sujets, qu'il puisse soutenir les guerres, qu'il évite d'être pauvre et par conséquent méprisé, et qu'il ne soit point obligé à devenir rapace. En effet, l'avarice est un des vices nécessaires pour régner. Si l'on dit que César parvint à l'Empire par sa libéralité, et que plusieurs autres se sont extrêmement élevés par ce moyen-là, je réponds que vous êtes Prince, ou sur le chemin de l'être. Dans le premier cas, la libéralité est dangereuse ; mais c'est une qualité absolument nécessaire lorsqu'on veut parvenir à la souveraine puissance. César était dans cette situation ; mais s'il eût été Empereur, et qu'il eût conservé cette disposition, il n'aurait pas manqué de perdre l'Empire.

Si l'on ajoute que plusieurs Princes déjà établis, ont passé pour très libéraux et qu'ils ont fait, cependant, de grandes choses avec leurs armées, je répondrai qu'un Souverain dépense son bien et celui de ses sujets, ou le bien d'autrui. Dans le premier cas, il doit observer toujours une très grande économie ; dans le second, il ne doit épargner aucune libéralité. Le Prince qui marche avec ses armées, qui s'enrichit de butin, de rapines, de tributs, et qui manie le bien d'autrui, doit s'abandonner à la magnificence, s'il veut que ses soldats le suivent. Soyez donc très libéral de ce que vous ne tirez point de vos coffres, ni de ceux de vos sujets. Alexandre, Cyrus et César mirent tous cette politique en usage : car on ne perd point sa réputation, mais, au contraire, on l'augmente beaucoup, lorsqu'on fait largesse du bien des ennemis ; il n'y a que la profusion du vôtre qui vous soit préjudiciable. Cette dernière sorte de libéralité se détruit elle-même : plus on la met en usage, moins on est en état de la pratiquer ; de sorte qu'enfin on devient pauvre et méprisable, ou, pour éviter l'indigence, rapace et odieux. Or, le mépris et la haine doivent être évités par-dessus toutes choses par les Princes ; et la libéralité conduit à l'un ou à l'autre.

Il est donc plus sage de passer pour avare, ce qui engendre un mépris sans haine, que de recueillir, en désirant le nom de magnifique, celui de rapace, ce qui engendre un mépris haineux.

CHAPITRE DIX-SEPTIÈME

De la cruauté et de la clémence ; et s'il est plus avantageux à un Prince d'être craint ou aimé.

ISSERTANT après cela des autres qualités qui se doivent rencontrer chez un Prince, je soutiens qu'il lui faut souhaiter de passer plutôt pour clément que pour sévère. Cependant, il faut éviter avec soin de faire un mauvais usage de la clémence. César Borgia passait pour cruel ; néanmoins, c'est par cette qualité qu'il avait rétabli la Romagne, qu'il l'avait unifiée et ramenée à la paix et à la bonne foi. Et peut-être qu'en examinant la chose de près, l'on verra que le Duc était plus clément que les Florentins, qui pour éviter de passer pour trop cruels, laissèrent détruire Pistoia. Ce qui fait voir qu'il faut compter pour rien la réputation de sanguinaire, quand cela devient utile pour maintenir la paix et la fidélité dans un Etat. Car un Prince se trouvera plus humain en faisant un petit nombre d'exemples nécessaires, que ceux qui, par trop d'indulgence, encouragent les désordres qui entraînent avec eux les meurtres et les brigandages : ces tumultes bouleversent tout le monde, au lieu que les peines infligées par le Prince ne portent que sur quelques particuliers.

Or, entre tous les Princes, il n'en est point qui puissent éviter moins la réputation d'être cruels, que ceux qui sont nouvellement élevés à la souveraine puissance, à cause des périls auxquels ils sont exposés. C'est ainsi que Virgile, faisant parler Didon, excuse l'inhumanité de son règne parce qu'il est récent, et s'exprime ainsi :

> Res dura, et regni novitas me talia cogunt
> Moliri, et late finis custode tueri.

Il ne faut pourtant pas qu'un Prince soit trop crédule ni trop prompt à s'alarmer sur les moindres mouvements ; que la défiance ne le rende point insupportable, ni l'assurance imprudent. C'est ce qui a donné lieu à cette question de politique : S'il est plus avantageux d'être aimé que redouté. L'on répond qu'il serait à souhaiter que l'on fût l'un et l'autre ; mais comme il est difficile de réunir les deux, s'il est question de se déterminer à l'un des deux partis, il est plus sûr d'être craint que d'être aimé seulement. La raison en est que la généralité des hommes est portée à l'ingratitude, au changement, à la dissimulation, à la lâcheté et à l'intérêt ; pendant que vous leur faites du bien, ils sont entièrement à vous, leur sang, leurs richesses, leur vie, leurs enfants ; mais (comme je l'ai dit plus haut) ce n'est que pendant que le péril est éloigné, car ils changent d'attitude dès qu'il est proche. Le Prince qui a compté sur de belles paroles, se trouve à l'occasion bien dénudé, s'il n'a pas pris d'autres mesures : tant il est vrai que les amitiés achetées par les bienfaits, et non pas acquises par la vertu et la grandeur d'âme, sont bien légitimement dues, mais non pas assurées. De plus, les hommes n'appréhendent pas tant d'offenser ceux qui se font aimer que ceux qui se font craindre, l'amour n'étant qu'un lien d'obligation que la malice et la bassesse du genre humain ont rendu très fragile ; au lieu que la crainte, ayant pour base le châtiment, ne sort jamais de l'esprit des hommes.

Cependant, un Prince doit se faire craindre de manière que, s'il ne se fait point aimer, il ne soit point haï, ce qui n'est pas incompatible ; avec cette ferme résolution, il laissera les sujets posséder en sûreté leurs biens et leurs femmes. Que, s'il est obligé de répandre du sang, il n'en vienne jamais là sans véritables causes ni preuves manifestes ; mais surtout, qu'il ne dépouille jamais personne de son bien, car on oublie beaucoup plus aisément la mort de son père que la perte de sa succession. D'ailleurs, un Prince qui a pris goût aux confiscations trouve toujours des occasions nouvelles ; mais quand il s'agit de répandre le sang, les prétextes en sont plus rares et plus difficiles à trouver.

Lorsqu'un Prince vit avec ses armées et gouverne un grand nombre de soldats, il lui faut mépriser la réputation d'être cruel : car sans cela, jamais on ne tiendra une armée bien unie, bien disciplinée, ni propre aux grandes actions. Annibal, qui s'est fait admirer par tant d'endroits, était particulièrement digne de l'être en ce qu'ayant une très nombreuse armée, composée de tant de différentes nations, qu'il conduisait à la guerre dans des pays fort éloignés, il n'y arriva jamais ni division, ni mutinerie, quelque bonheur ou quelque disgrâce que la Fortune lui envoyât. Il ne vint à bout d'une chose si extraordinaire que par son inhumaine cruauté, qui étant jointe aux grandes qualités qu'il possédait, le rendait vénérable et terrible à ses soldats : sans cette attitude, tous ses autres talents ne lui eussent servi de rien. C'est ce qui fait voir le peu de jugement des historiens qui exaltent ses exploits, tout en taxant son excessive rigueur, qui en était pourtant la source principale.

Pour faire voir que les admirables qualités d'Annibal ne lui eussent pas suffi, il n'y a qu'à regarder Scipion, si illustre dans son temps et dans tous les âges, mais dont les troupes, cependant, se mutinèrent en Espagne : ce qui ne vint que de sa grande douceur qui avait laissé prendre aux soldats plus de licence que n'en doit souffrir la discipline militaire. Fabius Maximus le lui reprocha en plein Sénat, en le nommant corrupteur de la milice Romaine. Ceux de Locres ayant été saccagés par un lieutenant de

Scipion, il ne leur en fit aucune justice, parce qu'il était de nature trop facile. Ce qui fut cause que quelqu'un dit, en voulant le justifier devant le Sénat : qu'il y avait des gens à qui il était plus aisé de s'empêcher de faire des fautes, que de corriger celles d'autrui. Cette grande douceur aurait enfin fait perdre à Scipion toute sa gloire, s'il en avait toujours usé dans le commandement ; mais comme il dépendait du Sénat, cette disposition néfaste non seulement demeura cachée, mais tourna enfin à son honneur.

Ainsi, pour revenir à notre sujet, je conclus que, puisque les hommes sont maîtres de leur bienveillance, et qu'ils ne le sont pas de leur crainte, un Prince prudent comptera bien plutôt sur ce qui dépend de lui, que sur ce qui dépend des autres ; et tout ce qu'il doit faire après cela, c'est d'éviter, comme je l'ai dit, de se rendre odieux.

CHAPITRE DIX-HUITIÈME

De quelle manière les Princes doivent garder la foi jurée.

IEN n'est plus vrai qu'il est glorieux à un Prince de garder sa parole, de vivre dans l'intégrité et non dans l'astuce. Cependant, l'on a vu de nos jours que les Princes qui se sont distingués le plus, n'ont pas été scrupuleux sur cet article, et qu'à force de fourberie, ils ont tourné le cerveau des hommes à tel point qu'ils ont enfin pris le dessus sur ceux qui se fiaient à leur loyauté.

Mais il faut savoir qu'il y a deux manières de combattre les hommes : l'une est par la force, et l'autre par les lois. Nous tenons la première des bêtes, et la seconde des hommes. Mais comme cette dernière ne suffit pas toujours, il faut souvent avoir recours à l'autre. Il faut donc qu'un Prince sache être homme et bête à propos. Cette leçon est donnée aux Princes, d'une manière allégorique, par les écrivains de l'Antiquité, lorsqu'ils nous content qu'Achille et quelques autres Princes anciens furent nourris par le Centaure Chiron, qui les garda sous sa discipline ; et cela pour signifier qu'ayant un précepteur demi-homme et demi-bête, il fallait que les Souverains apprissent à se servir à propos de l'un et de l'autre ; et qu'en séparant ces deux natures, il leur était impossible de subsister longtemps.

Donc, puisqu'un Prince est obligé de savoir imiter les bêtes en temps et lieu, il doit surtout prendre pour modèles le Lion et le Renard : le Lion ne sait pas éviter les filets ; le Renard ne peut se défendre contre les Loups. Il faut donc être Renard pour découvrir les pièges, et Lion pour se défaire des Loups. Ceux qui se contentent d'être Lions, manquent d'intelligence.

Un Prince, donc, ne peut ni ne doit tenir sa parole que lorsqu'il le peut sans se faire de tort, et que les circonstances dans lesquelles il a contracté un engagement subsistent encore. Cependant, si le genre humain n'était point corrompu, ce précepte ne vaudrait rien ; mais comme les hommes sont des scélérats, et qu'ils vous manquent à tout moment de parole, vous n'êtes point obligé non plus de leur garder la vôtre ; et vous ne manquerez jamais d'occasions légitimes pour la rompre.

Je pourrais rapporter ici mille exemples modernes de la perfidie des Princes, et montrer combien d'engagements et de traités ont été rompus par leur félonie. Le plus heureux est celui qui sait faire le Renard mieux que les autres. Mais il faut savoir se bien cacher et entendre l'art de dissimuler : car les hommes seront toujours assez simples et assez pressés par les besoins présents pour que celui qui veut tromper trouve toujours des dupes.

Je n'en veux point taire un exemple récent. Alexandre VI ne fit jamais rien d'autre que tromper les hommes ; il n'avait jamais que cela dans l'esprit ; et jamais il ne manqua d'occasions d'exercer ses perfidies. Plus il employait de serments pour appuyer une chose, moins il l'observait. Cependant, il réussit toujours dans ces fourberies, parce qu'il connaissait parfaitement la faiblesse des hommes sur la crédulité.

Il n'est donc pas absolument nécessaire qu'un Prince ait

toutes les bonnes qualités dont nous avons parlé jusqu'ici ; mais il est nécessaire qu'il paraisse les avoir. Je dirai même que s'il les mettait en usage, elles lui nuiraient ; mais elles lui serviront, si on est seulement persuadé qu'il les a. Il est par conséquent nécessaire de paraître pitoyable, fidèle, doux, religieux et droit ; et il faut l'être en effet ; mais il faut rester assez maître de soi pour se montrer tout différent si c'est nécessaire. Je suis persuadé qu'un Prince, et surtout un Prince nouveau, ne peut impunément exercer toutes les vertus, parce que l'intérêt de sa conservation l'oblige à agir contre l'humanité, la charité et la religion. Ainsi, il doit prendre le parti de s'accommoder aux vents et aux caprices de la Fortune, de se maintenir dans le bien, s'il le peut, mais d'entrer dans le mal, s'il le doit.

C'est ce qui oblige un Prince à veiller, avec un soin extrême, à ne laisser rien sortir de sa bouche qui ne paraisse conforme aux cinq qualités dont nous venons de parler : afin qu'en le voyant et l'entendant, chacun le croie rempli d'honneur, de franchise, d'humanité et de religion. Surtout, qu'il paraisse être extrêmement attaché à cette dernière ; parce que les hommes jugent bien plus par les yeux que par les mains, tout le monde étant en état de voir, mais peu de sentir. Chacun voit donc ce que vous paraissez être, mais très peu de personnes aperçoivent ce que vous êtes ; et ce petit nombre ne sera jamais assez téméraire pour démentir le grand nombre, qui est encore soutenu par la majesté du gouvernement. Chacun, dans les jugements qu'il rend des hommes, et particulièrement des Princes, qui n'ont point de tribunal au-dessus d'eux, ne s'inspire que du résultat.

Un Souverain n'a donc qu'à avoir toujours en vue sa propre conservation et celle de son Etat ; les moyens qu'il employera seront toujours approuvés du commun des hommes, car le vulgaire ne s'attache qu'à ce qui paraît et ne juge que par l'événement ; or, le vulgaire c'est tout le monde : le petit nombre ne compte que lorsque la multitude ne sait sur quoi s'appuyer.

Un Prince que je ne veux pas nommer, n'a jamais dans la bouche que ces mots de paix et fidélité ; mais s'il s'en était tenu à l'une et à l'autre, il y a longtemps qu'il aurait perdu son crédit et ses Etats.

CHAPITRE DIX-NEUVIÈME

Qu'il faut éviter la haine et le mépris.

UISQUE j'ai parlé des plus importantes de toutes les qualités que j'avais spécifiées, je dirai quelque chose des autres, sous le titre général du mépris et de la haine, contre lesquels il faut surtout qu'un Prince se mette en garde. S'il parvient à les éviter, il aura bien fait ses affaires, et ne courra jamais aucun risque, malgré toutes ses autres infamies. J'ai déjà dit que ce qui rend un Prince odieux, c'est lorsqu'il s'empare injustement du bien de ses sujets et qu'il attente à la pudicité de leurs femmes : ce qu'il faut éviter par-dessus tout. Aussi longtemps qu'un peuple garde la possession de ces deux choses, il n'en demande pas davantage ; et le Prince ne doit plus être en garde que contre l'ambition d'un petit nombre qu'il est aisé de mettre à la raison. Ce qui expose un Prince au mépris des peuples, c'est lorsqu'il passe pour capricieux, changeant, efféminé, lâche, irrésolu : c'est le second écueil que le Prince doit éviter. Il doit s'étudier à faire paraître dans toutes ses actions, de la grandeur, de la gravité, du courage et de la force. Il doit, de plus, rendre tous ses arrêts irrévocables, à l'égard de ce qui arrive entre les particuliers, et acquérir la réputation de ne pouvoir changer de sentiment.

Quand un Prince a donné cette opinion de lui-même, il est bien établi, et il est au-dessus des attentats de ses voisins et de ses sujets, chacun sachant qu'il a du mérite et qu'il est respecté chez lui. Car on sait qu'un Prince ne doit craindre que deux choses : l'une à l'intérieur, de la part de ses sujets ; l'autre à l'extérieur, de la part de voisins puissants. A l'égard de ces derniers, il est aisé d'être en garde contre eux, à l'aide de bonnes troupes et de bons alliés : quand on a de bonnes troupes, on a de bons amis. Il n'aura pas plus à craindre chez lui, s'il maintient au dehors une paix solide ; à moins que ses Etats ne se trouvent déjà troublés par une conjuration. Et quand bien même des forces extérieures viendraient à fondre sur lui, pourvu qu'il ait pris toutes les précautions dont je viens de parler, et qu'il ne se trouble en rien, il soutiendra tout cet assaut, comme il arriva, dit-on, à Nabis le Spartiate.

Si les étrangers demeurent en repos, la seule chose qu'on ait à craindre, c'est quelque trame secrète à l'intérieur ; le remède presque infaillible à un mal de ce genre, c'est de n'être ni méprisé, ni odieux, en rendant le peuple content de vous, ce qui est absolument nécessaire à un Prince qui veut régner en paix. Ce remède est le meilleur, parce que tous les conjurés fondent leur principale espérance sur le plaisir qu'ils croient faire au peuple en le délivrant du Prince ; sans cette pensée, ils n'entreront jamais dans un complot, toutes conjurations étant remplies d'un grand nombre de difficultés. L'on voit par expérience qu'il y a toujours eu dans le monde beaucoup de conjurations, mais que bien peu ont réussi. La raison en est que tout homme qui forme le dessein d'un complot ne peut l'entreprendre seul, et ne peut le communiquer qu'à ceux qu'il croit être mécontents. Et quand un de ces mécontents est maître de votre secret, il peut aisément acquérir la faveur du Prince en lui donnant avis de la chose. Aussi, voyant le gain manifeste d'un côté et fort douteux de l'autre, il faut que cet homme soit un ami d'un excellent ordre, ou qu'il soit si rempli d'animosité contre le Prince que cela seul vous garantisse sa foi. Et pour tout dire en un mot, un homme qui trame une conjuration est traversé par la crainte, la défiance et l'appréhension du supplice ; au lieu que le Prince est appuyé de telle manière par la majesté du Pouvoir, les lois, le secours de ses amis et de l'Etat, que s'il est encore aimé du peuple, il est impossible qu'il se rencontre des gens assez téméraires pour conjurer contre lui.

Un conjuré, dans cette circonstance, outre les terreurs qui le travaillent devant l'exécution de son dessein, n'est pas encore délivré de crainte après le succès, ayant tout un peuple de sujets pour ennemis déclarés, ce qui lui ôte l'espoir d'aucun refuge.

L'on en pourrait donner mille exemples, mais un seul me suffira. Il appartient à l'histoire de nos pères. Messer Annibale Bentivogli, Prince de Bologne et aïeul de celui d'aujourd'hui, fut assassiné par les Canneschi, à la suite d'une conjuration. Il ne restait de la famille que Messer Giovanni, encore au berceau. Dès que le peuple connut cet assassinat, il se souleva et massacra tous les Canneschi : ce qui vint de l'amour de ce peuple pour la maison des Bentivogli. Cette affection des Bolonais alla si loin que, ne voyant personne de ce nom capable de gouverner l'Etat, et ayant appris qu'il y en avait un, à Florence, qui s'était cru jusque-là le fils d'un artisan, ils allèrent le chercher en Toscane, et lui donnèrent l'autorité qu'il garda jusqu'à ce que Messer Giovanni fût en âge de la prendre lui-même.

Concluons donc qu'un Prince n'a guère lieu de craindre les conjurations lorsqu'il est aimé de ses sujets ; au contraire, lorsqu'il en est haï, il doit appréhender la moindre chose. Aussi, les Etats bien réglés et les Princes sages ont mis toute leur étude à ne point désespérer les grands et à contenter les peuples, ce qui est la principale politique qu'un Souverain doive avoir toujours devant les yeux.

Parmi les Etats bien réglés et bien gouvernés de notre temps, il n'en est point qui le puisse disputer au Royaume de France, où l'on trouve une infinité de belles constitutions qui assurent la liberté du peuple et la sécurité du Roi ; mais la plus belle est l'institution et l'autorité du Parlement. Car ceux qui firent les lois de cet Etat, connaissaient bien l'ambition des grands et leur insolence, et pensèrent qu'il leur fallait mettre un frein dans la bouche pour les maintenir ; ils connaissaient, d'autre part, l'aversion naturelle du peuple à l'égard des grands, qui est fondée sur la crainte qu'il en a. Pour l'en délivrer, ces législateurs ne voulaient pas que le Roi fût chargé de ce soin, de crainte qu'il n'attirât sur lui-même l'animosité des grands, en favorisant le populaire, ou celle du populaire, en appuyant les grands. Ils établirent donc un tiers ordre qui, sans intéresser le Roi, rabat l'orgueil des grands et protège les petits. Rien au monde ne peut être meilleur, ni plus sage, ni de plus grand office pour la sécurité du Roi et du Royaume. Ceci nous donne lieu de fonder cette maxime : Que le Prince doit toujours se décharger sur les autres de ce qui peut lui faire des ennemis, mais se réserver la disposition des grâces. Je conclus donc, encore une fois, qu'un Souverain doit bien traiter les grands, et ne se rendre point odieux au peuple.

Peut-être m'objectera-t-on que la vie et la mort de plusieurs Empereurs Romains semblent renverser mon sentiment, parce qu'il y en a eu quelques-uns qui, bien que leur conduite eût été excellente, et qu'ils eussent montré bien du courage, n'ont pas laissé de perdre l'Empire, et la vie même, par les conjurations qu'on a formées contre eux.

Avant de répondre à cette objection, je veux examiner les particularités de quelques Empereurs, et faire voir que la cause de leur ruine ne s'écarte pas de ce que j'ai dit sur cet article. Je prendrai en considération les choses remarquables de leur histoire, ne m'arrêtant qu'à celle des Empereurs qui se succédèrent depuis Marc le Philosophe jusqu'à Maximin : Marc, Commode son fils, Pertinax, Julien, Sévère, Antonin, Caracalla son fils, Macrin, Héliogabale, Alexandre et Maximin.

Il faut d'abord remarquer que si les autres Princes n'ont à se garder que de l'ambition des grands et de l'insolence des peuples, les Empereurs Romains avaient un troisième écueil à éviter, qui était la cruauté et l'avarice des soldats. Cet écueil était si dangereux qu'il fut à lui seul la cause de la ruine de plusieurs Princes, rien n'étant plus difficile que de contenter à la fois les peuples et les gens de guerre, parce que les premiers aiment le repos, et par conséquent un Prince modeste, tandis que les autres veulent un Prince d'esprit guerrier, qui soit superbe, cruel et rapace, et qui exerce toutes ces passions sur les peuples, afin que son exemple les autorise à augmenter leur solde et à exercer leur brutalité et leurs rapines. De là vient que tous les Empereurs qui, de leur naturel ou par leur étude, n'avaient point acquis la réputation de savoir se faire craindre des uns et des autres, ne manquaient jamais de périr. La plupart même de ceux qui étaient nouvellement élevés à l'Empire, voyant toute la difficulté de ces deux humeurs diverses, prenaient le parti des soldats, sans se mettre en peine de protéger les peuples. Cette conduite était nécessaire, parce que les Princes, ne pouvant éviter d'être haïs par quelqu'un, doivent s'efforcer d'abord de n'être point haïs par tout le monde ; mais, s'ils n'en peuvent venir à bout, ils doivent employer tous leurs soins à se faire aimer de ceux qui ont le plus de pouvoir. Ainsi ces Empereurs nouveaux, ayant besoin d'un appui extraordinaire, s'attachaient plutôt aux gens de guerre qu'aux peuples, ce qui leur réussissait bien ou mal, selon qu'ils savaient maintenir leur crédit parmi les soldats.

C'est par les raisons que nous venons de dire, que Marc-Aurèle, Pertinax et Alexandre, étant de vie modeste, amis de la justice, ennemis de la cruauté, humains et doux, eurent une triste destinée, à la réserve du premier qui vécut et mourut comblé de gloire, parce qu'étant arrivé à l'Empire par succession, il n'en avait obligation ni aux peuples, ni aux soldats. De plus, ce Prince, ayant mille grandes qualités qui le rendaient vénérable, sut bien tenir chacun des deux partis dans ses limites respectives, sans pourtant s'attirer jamais ni la haine ni le mépris. Quant à Pertinax, il fut élevé à l'Empire contre la volonté des soldats, et ceux-ci ne purent souffrir la retenue où ce Prince les voulait réduire, alors qu'ils s'étaient accoutumés à la vie licencieuse qu'ils avaient menée sous Commode. Pertinax donc, s'étant attiré leur haine, et ayant vu s'y ajouter le mépris, à cause de sa vieillesse, périt dans les premiers temps de son règne.

Il faut remarquer, à ce propos, qu'un Prince se peut rendre odieux aussi bien par les bonnes qualités que par les mauvaises ; ce qui prouve ce que j'ai déjà avancé, qu'un Prince qui veut conserver ses Etats, est quelquefois obligé d'être méchant, car si la masse, soit du peuple, soit des soldats, soit des grands, dont vous pensez avoir besoin pour vous maintenir, est corrompue, vous êtes obligé, pour la satisfaire, de suivre son humeur, et du coup vos bonnes œuvres vous deviennent ennemies.

Mais venons-en à Alexandre qui fut si honnête homme, qu'une des grandes louanges qu'on lui donne, c'est que pendant quatorze ans de règne, il ne fut mis à mort personne sans jugement. Cependant, comme il passait pour efféminé et gouverné par sa mère, il tomba dans le mépris, et fut assassiné par les gens de guerre qui conspirèrent contre lui.

Par contraste, en examinant ensuite les qualités de Commode, de Sévère, d'Antonin, de Caracalla et de Maximin, vous verrez qu'ils furent tous très cruels et très avides, n'omettant aucune espèce d'outrage envers les peuples, afin de satisfaire les soldats ; tous cependant, excepté Sévère, périrent malheureusement ; et ce qui sauva ce dernier, ce fut la grandeur de son courage, par laquelle il se fit toujours aimer par les gens de guerre, ce qui le fit régner avec bonheur, bien qu'il maltraitât les peuples. C'est que ses grandes qualités le rendaient si admirable aux yeux des peuples et des soldats, que les premiers en demeuraient en quelque sorte étonnés et surpris, et les seconds soumis et satisfaits.

Or, comme les actions de ce Prince nouveau furent extraordinaires, je veux faire voir, en peu de mots, avec combien d'habileté il sut jouer le rôle du Renard et du Lion, dont le naturel, comme je l'ai dit plus haut, doit être imité par un Prince.

Sévère, ayant reconnu le peu de courage de l'Empereur Julien, persuada à l'armée qu'il commandait dans l'Esclavonie, qu'il était nécessaire d'aller à Rome venger la mort de Pertinax, qui avait été massacré par la garde de l'Empereur ; et sous ce prétexte, il poussa son armée contre Rome, sans marquer qu'il aspirât à l'Empire ; et il arriva en Italie, devant qu'on y eût des nouvelles de sa marche. Parvenu à Rome, il fut fait Empereur par le Sénat qui le craignait, ayant avant cela fait mourir Julien. Après de si heureux commencements, il lui restait à vaincre deux grandes difficultés pour devenir maître de tout l'Empire. L'une était en Asie, où Niger, commandant les armées Asiatiques, s'était fait proclamer Empereur ; l'autre était en Occident, où Albinus aspirait aussi à l'Empire. Mais parce qu'il trouvait qu'il était périlleux de se déclarer ennemi tout à la fois de ces deux chefs, il résolut d'attaquer Niger et d'amuser Albinus. Il écrivit donc à ce dernier, qu'ayant été élu par le Sénat, il voulait partager sa dignité avec lui ; en même temps, il lui envoya le titre de César, le faisant déclarer son collègue par délibération du Sénat. Albinus donna dans le piège ; mais dès que Sévère eut vaincu et tué Niger, et qu'il eut pacifié l'Orient, il revint à Rome où il se plaignit au Sénat de l'ingratitude d'Albinus, qu'il disait avoir conspiré contre sa vie, après avoir reçu de lui tant de munificences ; et il conclut qu'il fallait le punir de sa trahison. Il le poursuivit en Gaule, et le dépouilla de l'Empire et de la vie.

Si l'on examine avec soin toute cette conduite, on verra que Sévère fut à la fois un Lion très féroce et un Renard très rusé ; il fut, en outre, redouté et respecté de tous, et aimé des soldats. Aussi n'est-ce pas merveille qu'un homme nouveau ait pu garder un si grand Empire : c'est que la grande réputation qu'il avait, le mettait à couvert de la haine que les peuples auraient pu concevoir contre lui, à cause de ses rapines.

Son fils Antonin avait aussi des qualités admirables qui lui attiraient le respect des peuples et l'amour des gens de guerre, parce qu'il était lui-même bon soldat, supportant fort bien toutes les fatigues, méprisant les viandes les plus délicates et toutes les autres voluptés, ce qui le faisait aimer de la soldatesque. Néanmoins, il se rendit enfin l'horreur du genre humain, par sa barbarie et sa férocité, ayant fait mourir, en diverses occasions, une grande partie du peuple de Rome, et tout celui d'Alexandrie ; il se rendit ainsi redoutable même à ceux de son entourage, et fut assassiné par un centurion, au milieu de son armée.

Cette histoire nous doit faire remarquer qu'un Prince ne peut pas éviter un assassinat de cette nature, lorsque le dessein en est formé par un homme résolu et opiniâtre ; car tous ceux qui ne craignent pas la mort peuvent accomplir ce meurtre ; mais il n'est guère à craindre parce qu'il est très rare. Le Prince doit seulement prendre garde à ne pas outrager gravement ceux qui le servent comme fit Antonin, qui fit mourir ignominieusement le frère de ce centurion, le menaçant lui-même tous les jours, bien qu'il le conservât parmi ses gardes du corps, ce qui était une témérité qui ne pouvait que le perdre, comme il en advint.

Mais venons-en à Commode, à qui il était aisé de conserver l'Empire, puisqu'il le tenait de Marc-Aurèle, son père, dont il n'avait qu'à suivre les traces pour être agréable aux peuples et aux gens de guerre. Mais comme il avait un caractère cruel et bestial, il prit le parti de favoriser les armées en les laissant vivre à leur discrétion, afin de mieux exercer ses rapines sur les peuples. D'autre part, oubliant le rang qu'il tenait, il descendait dans les théâtres se mesurer avec les gladiateurs, faisant encore d'autres bassesses fort indignes de la majesté impériale : ce qui le rendit contemptible aux soldats même ; de sorte qu'étant haï des peuples et méprisé des gens de guerre, il fut l'objet d'une conjuration, et perdit la vie.

Il nous reste encore à parler des qualités de Maximin. C'était un homme extrêmement belliqueux, ce qui fut cause que les armées, dégoûtées de la mollesse d'Alexandre, se défirent de celui-ci (comme je l'ai dit plus haut) et mirent à sa place Maximin. Mais il ne posséda pas longtemps le pouvoir, et deux choses le rendirent méprisable et odieux : la première venait de la bassesse extrême de sa naissance, parce qu'il avait gardé les troupeaux dans la Thrace (ce que tout le monde savait fort bien, et ce qui lui attirait le mépris de chacun) ; la seconde, c'est qu'il avait une réputation de cruauté, parce qu'étant proclamé Empereur, il différa d'aller à Rome prendre possession du trône impérial, et que, malgré cela, par le moyen de ses préfets, il ne laissait pas d'exercer mille cruautés à Rome et dans tous les lieux de l'Empire. Cela fit naître un tel ressentiment dans l'esprit de tout le monde, à considérer, d'un côté, l'indignité de sa naissance, et de l'autre, sa férocité naturelle, que l'Afrique d'abord, ensuite le Sénat et tout le peuple de Rome, avec le reste de l'Italie, conspirèrent contre lui. Enfin, son armée même se joignit à eux, parce qu'étant fatiguée par les difficultés du siège d'Aquilée, et lasse de la barbarie de son chef, elle cessa de le craindre, en lui voyant tant d'ennemis, et elle le mit à mort.

Je ne parlerai point d'Héliogabale, de Macrin ni de Julien, parce qu'étant tout à fait méprisables, ils furent aussitôt supprimés. Mais, venant à la conclusion de ce discours, je dis que les Princes de notre temps ne sont pas obligés d'avoir de grandes complaisances pour leurs soldats : car bien qu'ils leur doivent quelque considération, ils peuvent s'en délivrer promptement, aucun de ces Potentats n'ayant des armées qui se confondent avec le gouvernement et l'administration des provinces, comme il en était des armées de l'Empire Romain. S'il était alors nécessaire de ménager les gens de guerre plus que les peuples, c'est que les premiers avaient plus de pouvoir que les autres. Aujourd'hui, les Princes, à l'exception du Turc et du Soudan, doivent satisfaire aux peuples plutôt qu'aux soldats, parce que les peuples sont plus considérables que les gens de guerre. J'en excepte le Turc, parce qu'il tient d'ordinaire près de lui douze mille fantassins et quinze mille chevaux, ce qui affermit et assure son autorité ; il faut donc qu'il subordonne à l'armée le respect des peuples, pour conserver l'amitié de ses soldats.

Il en est de même du Royaume du Soudan qui, ayant un gouvernement militaire, doit conserver l'amitié de ses troupes sans respecter les peuples. Il est à noter que ce gouvernement du Soudan diffère entièrement de tous les autres, ayant du rapport avec le Pontificat chrétien. Ce n'est point une Principauté héréditaire, ni une Principauté nouvelle, parce que les enfants ne succèdent point à leur père par héritage, mais seulement s'ils sont élus par ceux qui en ont l'autorité. Et comme cet ordre est établi depuis longtemps, on ne peut l'appeler non plus Principauté nouvelle, parce qu'il ne s'y trouve aucune de ces difficultés qui se rencontrent dans les nouveaux règnes. En effet, si la personne du Prince est nouvelle, les institutions de l'Etat sont anciennes, et disposées de manière à recevoir le nouveau Prince comme s'il était héréditaire. Mais pour revenir à notre sujet, je soutiens que si l'on fait réflexion sur tout ce que nous venons de dire, on verra que la haine ou le mépris ont produit la ruine des Empereurs dont nous venons de parler ; on verra encore qu'ils ont eu, suivant leur manière d'agir, une fin heureuse ou misérable. Ainsi

Pertinax et Alexandre, pour être Princes nouveaux, périrent à vouloir imiter Marc-Aurèle, qui était un Prince héréditaire ; et de même, Caracalla, Commode et Maximin périrent en se proposant Sévère pour modèle, parce qu'ils n'avaient pas assez de grandeur d'âme pour suivre ses traces. Il ne faut donc pas qu'un Prince nouveau dans une Principauté, agisse comme Marc-Aurèle, ni qu'il se croie obligé d'imiter Sévère ; mais il doit prendre de ce dernier ce qui lui convient pour établir son autorité, et de Marc-Aurèle ce qu'il lui voit de propre à conserver glorieusement un trône déjà ferme et bien établi.

CHAPITRE VINGTIÈME

Si les forteresses, et beaucoup d'autres choses coutumières aux Princes, sont utiles ou préjudiciables.

L y a des Princes qui ne permettent pas à leurs sujets d'avoir des armes, s'imaginant que leur autorité en est plus assurée ; d'autres entretiennent de la division entre les différentes terres qui leur sont soumises ; d'autres ont fomenté des factions contre eux-mêmes ; d'autres se sont appliqués à mettre dans leurs intérêts ceux qui leur étaient contraires dans le commencement de leur pouvoir ; quelques-uns ont bâti des citadelles, d'autres les ont ruinées et détruites. Mais parce qu'il est difficile de rien déterminer de fort exact sur toutes ces matières sans connaître particulièrement chaque Etat où ses différentes politiques sont mises en usage, je ne les traiterai ici que d'une manière générale, comme le sujet m'y autorise.

On ne verra nulle part qu'un Prince nouveau ait désarmé ses sujets ; au contraire, quand il les a trouvés désarmés, il les a toujours mis en armes. Par ce moyen, ceux que vous armez vous deviennent dévoués, ceux qui vous sont suspects vous deviennent fidèles, ceux qui étaient fidèles vous restent attachés, et ainsi vos sujets deviennent vos partisans.

Mais parce qu'on ne peut pas mettre des armes dans les mains de tous ses sujets, on peut favoriser ceux que l'on arme, sans perdre la sécurité vis-à-vis des autres ; car les premiers s'attacheront à vous par la distinction que vous en faites, et les autres n'en concevront aucun chagrin, jugeant bien qu'il est raisonnable que ceux de leurs compatriotes qui ont plus de peine et de risques, reçoivent aussi plus de faveurs.

Mais si vous désarmez vos sujets, vous les offensez en leur marquant de la défiance à l'égard de leur fidélité ou de leur courage : ce qui ne manquera point de vous attirer de la haine. Et comme il est impossible que vous demeuriez sans troupes, vous êtes obligé d'en prendre des mercenaires, dont nous avons fait voir les caractères ; mais quand bien même elles seraient bonnes, il est impossible qu'elles vous protègent contre de puissants ennemis et des sujets suspects. Donc, comme je l'ai dit, un Prince nouveau dans une nouvelle Principauté armera toujours ses sujets.

L'Histoire est pleine de ces sortes d'exemples. Mais si l'on conquiert un Etat nouveau pour l'annexer à son ancien domaine, il faut en désarmer les sujets, à moins qu'ils ne se soient donnés à vous de leur plein gré ; et ceux-là même, avec le temps et l'occasion, il faut les rendre dociles et efféminés, afin que les troupes que vous tiendrez dans ce nouvel Etat soient toutes composées de vos anciens sujets.

Nos ancêtres avaient coutume de dire que Pistoia ne se pouvait conserver que par les factions, et Pise par les citadelles : ils entretenaient donc des partis dans Pistoia leur sujette, afin de la posséder plus facilement. Ce pouvait être alors une bonne politique, car l'Italie était en un certain sens équilibrée ; mais aujourd'hui, ce serait une méchante maxime, car je ne crois pas que les divisions rendent jamais service à quelqu'un ; au contraire, il est forcé que, lorsque l'ennemi approche, l'on perde aussitôt les villes divisées, car le parti le plus faible se joindra toujours aux forces étrangères et mettra le plus fort dans l'impossibilité de se défendre.

Les Vénitiens, suivant la politique dont j'ai parlé ci-dessus, entretenaient les factions des Guelfes et des Gibelins dans les villes qui leur étaient soumises ; et quoi-qu'ils ne souffrissent jamais qu'elles en vinssent au sang, ils ne laissaient pas de les tenir toujours en division, afin qu'étant occupées à leurs conflits, elles ne se missent point contre eux. Mais par la suite, cette politique les perdit ; car après qu'ils eurent été battus à Vaila, subitement l'une de ces factions se déclara contre eux et leur fit perdre leur pouvoir. Ces sortes de divisions font voir la faiblesse d'un Prince. Elles ne se souffriront jamais dans un Etat gaillard, car elles ne peuvent être utiles que pendant la paix, contribuant alors à manier plus facilement les sujets ; mais la guerre en survenant, montre combien ces principes étaient fallacieux.

Tout le monde convient que rien n'élève tant un Prince que lorsqu'il surmonte les difficultés et les obstacles qu'on lui oppose. Aussi, lorsque la Fortune favorise un Prince nouveau, qui a plus besoin d'acquérir de la réputation qu'un Prince héréditaire, elle lui suscite des ennemis considérables à vaincre qui, par leurs défaites, lui fournissent autant de degrés pour s'élever. On en conclut qu'un Prince prudent, s'il n'en a l'occasion, doit travailler lui-même à se faire des ennemis, afin que leur défaite l'élève et contribue à sa grandeur.

Souvent des Princes, et spécialement des Princes nouveaux, ont trouvé plus d'avantage dans ceux qui, au commencement de leur règne, leur étaient suspects, que dans ceux qui leur témoignaient le plus de soumission. Ce fut ce qui arriva à Pandolfo Petrucci, Prince de Sienne. Mais on ne peut pas traiter cette matière fort exactement, parce qu'elle varie selon les sujets qui se peuvent rencontrer. Je dirai seulement que si les hommes qui au commencement d'une Principauté ont paru s'y opposer, sont de ceux qui ont besoin d'appui pour se soutenir, il n'y a rien de plus aisé au Prince que de les gagner ; il en sera servi avec d'autant plus de zèle qu'il n'y a point d'efforts qu'ils ne fassent pour effacer la mauvaise opinion qu'on a eue contre eux dans le commencement. Ainsi le Prince en sera bien mieux servi que par ceux qui, n'étant point soupçonnés, le servent avec plus de négligence.

Or, puisque l'occasion se présente, je ne veux pas manquer de rappeler au Prince qui s'est rendu maître d'un Etat par la faveur de ses habitants, de bien examiner les motifs qui les y ont conduits. Si ce n'est pas par une affection naturelle, mais seulement par humeur contre l'ancien état de choses, il n'y aura rien de si pénible et de si difficile au nouveau Prince que de conserver leur bonne volonté, parce qu'il lui sera impossible de les satisfaire. En réfléchissant à tous les exemples que nous donnent l'Histoire ancienne et la moderne, on verra qu'il était plus facile de gagner l'amitié de ceux qui s'opposaient au nouveau Prince et se montraient ses ennemis, que de garder celle de ceux qui, pour avoir été mécontents, sont devenus ses amis et ont travaillé à le mettre sur le trône.

C'est une habitude des Princes de faire des citadelles, pour mieux tenir en bride leur Etat, et pour s'en servir comme refuge, en cas de soulèvement, contre les premières attaques. Je ne désapprouve pas cet usage, parce qu'il est ancien. Cependant nous avons vu, de nos jours, Messer Nicolo Vitelli raser deux forteresses dans Città di Castello, afin d'en être mieux le maître. Guido Ubaldo, Duc d'Urbin, étant rentré dans ses Etats, dont il avait été dépossédé par César Borgia, rasa de fond en comble toutes les citadelles de la province, jugeant que sans elles il serait plus difficile de conquérir son pays. Les Bentivogli, ayant été rétablis à Bologne, en usèrent de même.

Les citadelles sont donc utiles ou dommageables selon

les circonstances : si vous en tirez, d'un côté, quelque avantage, elles vous nuisent de l'autre. Voici ce qu'on en peut dire de plus raisonnable. Un Prince qui craint plus ses peuples que les étrangers, doit avoir des forteresses ; mais s'il a lieu d'appréhender plus les étrangers que ses sujets, qu'il n'en ait point.

Le château qui fut bâti à Milan par François Sforza, a porté plus de préjudice à toute sa maison qu'aucun des désordres de cet Etat. La meilleure citadelle qui soit, c'est d'être aimé de son peuple ; si vous ne l'êtes pas, encore que vous ayez des forteresses, vous ne serez pas sauf, car le peuple ne manque pas d'étrangers qui soient prêts à le secourir.

Nous n'avons point remarqué, de nos jours, que les citadelles aient été d'aucun secours à un Prince, si ce n'est à la Comtesse de Furli, quand le Comte Girolamo, son mari, fut mort ; car elle y soutint la fureur populaire, et elle put y attendre les secours de Milan, et recouvrer son Etat : encore, les circonstances étaient-elles disposées de manière que les étrangers ne pussent secourir le peuple. Mais depuis, les citadelles ne lui servirent de rien, quand César Borgia l'attaqua, et que le peuple de la Comtesse se joignit à l'ennemi : ce qui lui fit apercevoir, mais trop tard, qu'il eût bien mieux valu pour elle avoir l'amour de ses sujets que d'avoir des forteresses.

Ainsi, après de bonnes réflexions, je louerai également ceux qui font des citadelles et ceux qui n'en font pas ; mais je blâmerai tous ceux qui, se fiant à des forteresses, ne feront pas grand cas de la haine des peuples.

CHAPITRE VINGT ET UNIÈME

Comment se doit gouverner un Prince pour acquérir de la réputation.

A-T-IL chose au monde qui donne à un Prince autant de réputation que les grandes entreprises et les rares exemples.

Nous en avons eu, de nos jours, un modèle en la personne de Ferdinand, Roi d'Aragon, et depuis Roi d'Espagne. On peut l'appeler, en quelque sorte, un Prince nouveau, car de petit Roi qu'il était, il est devenu, par l'éclat et la gloire, le premier Roi de la Chrétienté ; et si vous considérez ses actions, vous les trouverez toutes très grandes et quelques-unes extraordinaires.

Dans les commencements de son règne, il attaqua la Grenade ; et cette conquête fut le fondement de son Etat. Tout d'abord, il s'occupa de cette conquête d'une manière indolente et sans que l'on pût soupçonner ses projets. Il y tint occupés les Barons de Castille : pendant qu'ils pensaient à cette guerre, ils ne songeaient point à des innovations. Entre-temps, le Roi se mettait en réputation, et se fortifiait contre eux, sans qu'ils s'en aperçussent. Il fit la guerre avec l'argent de l'Eglise et les contingents des peuples ; et par une longue campagne, il se fit des troupes si aguerries qu'elles lui acquirent dans la suite beaucoup d'honneur.

Outre cela, pour mener ces grands desseins, il se servit toujours de la religion, ce qui le porta à une dévote fureur, chassant et dépouillant les Maures de ses Etats : il n'est pas d'exemple plus terrible ni plus singulier. Ce fut encore sous ce même manteau qu'il attaqua l'Afrique, qu'il fit l'expédition d'Italie et qu'il assaillit la France, de sorte qu'il eut toujours de vastes projets qui ont tenu en admiration et en suspens l'esprit de ses sujets, dans l'attente des événements. Et toutes ses entreprises ont été tellement enchaînées les unes aux autres, qu'il n'a jamais laissé aux hommes un moment pour se reposer et pour agir contre lui.

Il est encore avantageux à un Prince de donner de rares exemples dans le gouvernement de son propre pays : à peu près comme ceux de Messer Bernardo de Milan, qu'on cite communément lorsqu'on veut parler de quelqu'un qui dans la vie civile a fait quelque chose d'extraordinaire, soit en bien, soit en mal, et qu'on veut trouver quelque manière de récompenser ou de punir. Par-dessus tout, il faut qu'un Prince ne fasse rien qui ne lui attire la réputation d'un esprit grand et élevé.

Un Prince se fait encore admirer quand il est un ami sincère et un véritable ennemi, c'est-à-dire, quand, sans aucun ménagement, il prend le parti d'un ami contre un ennemi, ce qui est bien plus avantageux que de demeurer neutre : car si deux de vos puissants voisins en viennent aux mains, ou ils sont tels que celui qui demeurera le vainqueur vous deviendra redoutable, ou non. Dans l'un ou l'autre de ces deux cas, il vous sera toujours plus avantageux de vous être déclaré et de faire une bonne guerre ; car en ne vous déclarant pas, vous deviendrez toujours la proie du vainqueur, au grand contentement du vaincu, sans que vous ayez les moyens de vous défendre, ni même de vous plaindre. En effet, celui qui aura vaincu ne voudra point d'amis suspects qui ne l'aident pas dans les temps fâcheux ; et d'autre part, celui qui aura été battu, ne vous écoutera point, puisque vous n'avez pas voulu courir la même fortune que lui, les armes à la main.

Antiochus était passé en Grèce, à l'appel des Etoliens, pour en chasser les Romains. Il envoya des ambassadeurs aux Achéens, qui étaient alliés aux Romains, pour les porter à la neutralité ; les Romains, de leur côté, voulaient qu'ils prissent leur parti. Cette affaire fut traitée dans le concile des Achéens, où le légat d'Antiochus leur persuadait de demeurer neutres. Mais l'ambassadeur des Romains répliqua : Quoique l'on vous dise qu'il est plus avantageux et plus utile à votre nation de ne pas vous entremettre dans notre guerre, rien ne vous sera plus contraire, parce que, ne prenant le parti de personne, vous demeurerez à la discrétion du vainqueur, sans grandeur et sans réputation.

Souvenez-vous qu'une puissance avec laquelle vous n'avez aucune liaison vous demandera toujours votre neutralité, tandis que vos alliés chercheront toujours à vous faire prendre les armes. Mais les Princes indéterminés, pour éviter un péril immédiat, prennent le plus souvent cette voie de la neutralité, et périssent le plus souvent. Au contraire, lorsqu'un Prince se déclare gaillardement en faveur d'un autre, quand bien même celui-ci remporterait la victoire, et étant puissant, vous tiendrait à sa discrétion, il vous sera obligé par un contrat d'amitié : car jamais les hommes ne seront assez scélérats pour vous donner, en vous opprimant, un tel exemple d'ingratitude. De plus, il est peu de victoires assez complètes pour que le vainqueur puisse ne pas s'en tenir au respect, et surtout à la justice. Mais si celui en faveur de qui vous vous êtes déclaré vient à succomber, il s'attache fortement à vous, et en attendant qu'il puisse vous aider, il devient votre compagnon dans une fortune qui peut renaître.

Dans le second cas, lorsque les Princes qui se font la guerre ne vous donnent point lieu de redouter celui qui remportera l'avantage, il est encore plus de votre prudence de prendre parti pour l'un d'eux, parce que vous mènerez l'autre à la ruine, avec le secours de celui qui devrait le sauver, s'il était sage ; si celui-ci remporte la victoire, il demeure à votre discrétion ; et il ne saurait manquer de vaincre avec un secours comme le vôtre.

Il faut donc noter qu'un Prince ne doit jamais faire ligue avec un plus puissant que lui, pour faire la guerre à son ennemi, à moins que d'y être contraint par la nécessité ; car si, par son moyen, il remporte la victoire, il est à sa discrétion : et c'est ce qu'un Prince doit éviter par-dessus toutes choses.

Les Vénitiens perdirent leur Etat pour s'être ligués avec la France contre le Duc de Milan, ce qu'ils eussent évité s'ils l'avaient voulu. Cependant, lorsqu'on ne peut éviter ces sortes de ligues, il faut bien s'y engager, ainsi que nous l'avons déjà dit, comme il arriva aux Florentins, lorsque le Pape et l'Espagne unirent leurs forces pour attaquer la Lombardie. Mais il ne pourrait y avoir de sûreté dans ces alliances, quelque précaution qu'on prenne, car elles sont de la nature de toutes les autres choses, où, pour sortir d'un inconvénient, on tombe dans un autre. Tout ce que le prudence peut faire alors, c'est de reconnaître la nature de ces inconvénients, et de prendre le moins mauvais pour le bon.

Un Prince doit encore marquer de l'estime pour les vertus, et honorer les plus excellents dans les arts. Il faut aussi encourager ses sujets à s'attacher sans inquiétude à leurs professions, que ce soit l'agriculture ou le commerce, ou tout autre exercice, afin que l'un ne soit point détourné d'embellir ses terres, par la crainte de la confiscation, ni l'autre d'ouvrir un trafic, par celle des impôts. Au contraire, il faut proposer des récompenses à tous ceux qui entreprendront quelque chose qui tourne au bien de la cité et de l'Etat. De plus, à certains moments de l'année, il est bon de divertir les peuples par des fêtes et par des spectacles ; et comme chaque ville est partagée en corporations ou tribus, il faut marquer de l'estime à chacune d'elles, se trouver quelquefois au milieu de ces gens, et leur donner des témoignages de bonté et de magnificence, avec la précaution, néanmoins, de n'avilir jamais la dignité royale, parce qu'en cette matière, il ne peut y avoir de lacunes.

CHAPITRE VINGT-DEUXIÈME

Touchant les ministres des Princes.

HOISIR ses ministres est un article de fort grande conséquence pour un Prince : selon sa prudence, ils seront bons ou ils ne le seront pas. Le premier jugement qu'on fait d'un Prince et de son esprit, est fondé sur les gens qui l'approchent : lorsqu'ils ont de la conduite et de la fidélité, le maître est sans doute prudent, parce qu'il a su les choisir et se les conserver fidèles. Mais s'ils ont des qualités contraires à celles-là, on jugera toujours mal du Prince, dont la faute la plus capitale est le choix de méchants ministres.

Aucun de ceux qui connaissaient Messer Antonio da Venafro, ministre de Pandolfo Petruci, Prince de Sienne, n'hésitait à considérer Pandolfo comme le plus sage des hommes, parce qu'il avait su choisir un ministre de cette capacité.

Il y a trois sortes d'esprits : les uns voient tout par eux-mêmes, les autres ne voient qu'à mesure qu'on leur montre ; et les derniers, enfin, ne voient ni d'eux-mêmes, ni lorsqu'on leur montre.

Les premiers sont excellents, les seconds un peu moins, et les troisièmes médiocres. Il en découle que si Pandolfo n'était pas du premier rang, il était au moins du second ;

car quand on a assez de discernement pour reconnaître si la conduite et le raisonnement d'un autre sont bons ou mauvais, encore qu'on n'ait pas l'imagination fertile, on est capable de distinguer ce qu'il y a de mauvais et de bon dans un ministre, et l'on se tient à l'un, en rectifiant l'autre. Quant au ministre, s'apercevant qu'il ne peut tromper son maître, il s'accoutume à la fidélité. Le seul fait, pour un Prince, de bien connaître ses ministres, lui garantit qu'il ne se trompera jamais.

Lorsqu'un Prince s'aperçoit qu'un ministre pense plus à ses affaires personnelles qu'à celles de l'Etat, et que, dans toutes ses actions, il ne recherche que son intérêt, il faut qu'il pense que cet homme ne sera jamais propre au ministère et qu'il est impossible de se fier à lui : car lorsqu'on tient les rênes du gouvernement, il ne faut jamais penser à un autre intérêt qu'à celui de son maître, et ne lui parler jamais d'une chose qui ne le regarde pas absolument. D'autre part, il faut qu'un Prince ait soin de son ministre ; et afin de conserver son affection, il doit se l'attacher par des bienfaits, par des dignités et par des charges, de telle manière que ces grands honneurs et ces grandes richesses lui enlèvent le désir d'autres honneurs et d'autres richesses ; ce qui lui fera craindre toutes les révolutions, quand il verra qu'il lui serait impossible de subsister sans l'appui de son maître. Quand le Prince et le ministre sont disposés de cette manière, ils peuvent s'appuyer l'un sur l'autre ; mais s'il en est autrement, il faut absolument que l'un ou l'autre périsse.

CHAPITRE VINGT-TROISIÈME

Comment il faut fuir les flatteurs.

ARDONS-NOUS d'oublier un article de grande importance, et une faute dans laquelle un Prince tombe aisément, s'il n'est pas d'une prudence très consommée, et d'un discernement parfait. Il s'agit des flatteurs, dont l'Histoire est pleine, parce que naturellement les hommes sont si amoureux de leurs propres qualités, et en même temps si aveugles, qu'ils peuvent à peine résister à cette peste de la flatterie ; et lorsqu'un Prince s'en veut défendre, il s'expose au danger d'être méprisé. Il n'y a pas d'autre manière de se garder des flatteurs, que de faire comprendre aux hommes qu'on ne s'offensera pas d'entendre la vérité ; mais en vous disant la vérité, on vous manquera de respect. Pour éviter cet inconvénient, un Prince prudent fera choix d'un petit nombre de gens sages, qui aient la permission de lui parler sincèrement sur tout ce qu'il leur demandera, sans qu'ils s'ingèrent de lui parler d'autre chose ; et lui, de son côté, doit les consulter sur toutes les affaires, écouter leurs avis, et les résoudre ensuite à sa convenance. Il doit aussi se conduire avec ses conseillers de manière que chacun d'eux sache parfaitement que plus il mettra de liberté dans ses paroles, plus facilement on les accueillera ; mais il n'en faut point écou-

ter d'autres, ni revenir sur une question résolue ; il faut enfin demeurer ferme dans l'exécution de ses volontés. Tout Prince qui suivra une autre méthode, périra par les flatteurs ; et s'il change souvent de conduite, il tombera dans le mépris.

J'en veux donner un exemple moderne. Le Prêtre Luca, serviteur de Maximilien, l'Empereur actuel, parlant de son maître, disait que ce Prince ne prenait jamais conseil de personne, sans que pourtant il fît rien de lui-même. Il observe donc une méthode contraire à celle que nous venons d'enseigner, parce qu'il est naturellement taciturne, qu'il ne communique point ses pensées, et qu'il ne prend avis de personne. Mais il n'a pas plutôt commencé à les mettre en exécution, qu'on les découvre ; et aussitôt, ceux qui l'entourent commencent à contredire à ses pensées intérieures ; et comme il a de la complaisance, il les laisse faire ; ce qui est cause que ce qu'on a commencé aujourd'hui, s'interrompra le jour d'après ; et enfin, il n'y a personne qui puisse faire ou projeter quelque chose en se basant sur les décisions de ce Prince.

Il faut donc qu'un Prince prenne conseil d'autrui, mais seulement quand il lui plaît, en ôtant à chacun la hardiesse de lui donner aucun avis, quand il ne le demande pas ; il faut aussi qu'il s'habitue à interroger les siens et à écouter patiemment toutes les vérités qu'on lui dira ; et s'il remarque que quelqu'un dissimule par considération, il doit s'en montrer mécontent.

Il y a des gens qui croient que lorsqu'un Prince passe pour prudent, cela ne vient pas de sa nature, mais des bons conseillers qu'il a près de lui. Cette pensée est fausse, selon cette règle, qui est infaillible, qu'il est impossible à un Prince imprudent de recevoir de bons conseils, à moins qu'il ne se remette entre les mains d'un ministre d'une extrême prudence, auquel il donne plein pouvoir. Dans ce cas, l'Etat sera sans doute bien gouverné, mais pas pour longtemps, parce que le ministre s'emparera bientôt du pouvoir.

En prenant avis de plusieurs personnes, un Prince sans valeur n'aura jamais de conseillers unis, parce qu'il ne saura point les réunir à son profit. Chacun des ministres pensera à ses propres affaires, sans que le Prince s'en aperçoive, ni qu'il puisse y donner ordre. Il ne peut en être autrement, parce que les hommes deviendront fatalement méchants si les circonstances ne les contraignent point à être bons. On peut donc conclure que les bons conseils, de quelque part qu'ils viennent, sont dus à la prudence du Prince, et non pas la prudence du maître aux bons conseillers.

CHAPITRE VINGT-QUATRIÈME

Pourquoi les Princes d'Italie ont perdu leurs États.

I l'on observe attentivement tous les préceptes que j'ai donnés, ils feront paraître ancien un Prince tout nouveau, et le rendront immédiatement plus tranquille et plus ferme dans ses Etats que s'il y fût installé depuis longtemps. Car un Prince qui l'est devenu depuis peu, est bien plus observé dans sa conduite qu'un Prince héréditaire : quand on a reconnu ses vertus, on s'attache bien plus à lui qu'à ceux qui n'ont de grand que leur naissance. La raison de cela, c'est qu'on est bien plus touché par le présent que par le passé ; et quand on y trouve de quoi se satisfaire, on ne va pas chercher plus loin ; au contraire, on prend la défense du nouveau venu, pourvu qu'il sache bien se conduire. De cette manière, il acquerra un double degré de gloire, en fondant un nouvel Etat, en l'embellissant, et en le fortifiant par les armes, par de bonnes lois, par de grandes alliances, et par de beaux exemples. Mais un Prince qui l'est de naissance, et qui perd ses Etats par sa propre faute, est doublement infâme. Si l'on examine, à présent, pour quelles raisons le Roi de Naples, le Duc de Milan, et d'autres Potentats d'Italie ont été dépouillés de leurs Etats, on trouvera que leur premier défaut commun concerne la milice, suivant ce que nous en avons dit ci-

dessus très amplement. Ensuite, on verra que les uns ont été haïs de leurs peuples, et que d'autres en ont été aimés, mais qu'ils n'ont pu s'assurer des grands. Sans des lacunes de ce genre, tout Prince qui aura assez de nerf pour tenir une armée en campagne, ne perdra pas ses Etats.

Philippe de Macédoine, non pas le père d'Alexandre, mais celui qui fut battu par Titus Quintius, ne possédait qu'un petit Etat en comparaison de l'étendue de la Grèce et de l'Empire Romain qui se liguèrent contre lui ; néanmoins, comme il était guerrier, et qu'il savait mener les peuples et s'assurer des grands, il soutint la guerre pendant plusieurs années ; et si, enfin, il perdit quelques villes, il conserva cependant son Royaume.

Ainsi nos Princes d'Italie, qui possédaient leurs Etats depuis tant d'années, ne doivent point accuser la Fortune de la perte qu'ils en ont faite, mais seulement leur imprudence ; ils n'ont jamais pensé, dans les temps de repos, que les choses pouvaient changer (pareils en cela au commun des hommes, qui dans la bonace ne songent point à la tempête) : quand vinrent les moments difficiles, ils ont pris soin de fuir au lieu de se défendre, espérant que les peuples, lassés de l'insolence des vainqueurs, rappelleraient leurs premiers maîtres. Ce parti est bon à prendre quand on n'en a point d'autres, mais c'est une grande faute de le préférer aux autres remèdes ; car jamais personne ne se laissera tomber, dans l'idée que quelqu'un le relève. Cela n'arrive jamais ; mais quand bien même cela arriverait, on n'y trouverait pas de sécurité, car ce serait une vile défense, et qui ne dépend pas de soi ; et la seule défense qui soit assurée et durable, est celle qui vient de vous-même et de votre valeur.

CHAPITRE VINGT-CINQUIÈME

Ce que peut la Fortune, dans les choses humaines, et par quels moyens on peut lui résister.

E n'ignore pas la pensée qu'ont eue et qu'ont encore bien des gens : que les affaires du monde sont tellement gouvernées par la Fortune et par Dieu, que toute la prudence humaine n'est point capable d'y mettre obstacle, ni d'y apporter aucun remède ; et ils concluent qu'il ne faut pas s'en mettre en peine, mais qu'il faut abandonner les choses à leur destin. Cette opinion s'est extrêmement fortifiée dans ces derniers temps, par la grande mobilité des événements qui se produisent, contre l'espérance de tout le monde. Quelquefois, en y pensant bien, j'éprouve quelque penchant pour cette manière de voir. Néanmoins, notre libre arbitre n'étant pas tout à fait éteint, je pense qu'il peut être vrai que la Fortune conduise la moitié de nos actions, mais qu'elle nous laisse gouverner l'autre moitié, ou presque. Je la compare à un fleuve impétueux qui, lorsqu'il se fâche, inonde les campagnes, abat les arbres et les édifices, emporte le terrain de différents endroits pour le déposer en d'autres ; alors chacun s'enfuit et cède à sa violence, sans pouvoir y mettre obstacle. Quoi qu'il en soit, lorsque le calme est revenu, les hommes ne laissent pas de se précautionner par des travaux et des

digues, afin que, si le fleuve vient à croître, il se déverse dans un canal, ou que, tout au moins, ses courses soient moins dangereuses et moins violentes.

Il en est de même de la Fortune : elle fait paraître son pouvoir quand on n'a pas la force de lui résister, et elle tourne toute sa colère contre les endroits où il n'y a ni remparts ni digues pour la contenir.

Considérez, après cela, l'Italie, qui est le siège et la source des plus grandes révolutions, et vous verrez que c'est une campagne sans digues ni remparts. Si on l'avait renforcée de manière convenable, comme l'Allemagne, l'Espagne et la France, cette inondation ne se fût point produite et n'y eût point fait de tels ravages. Ceci soit dit des moyens généraux par lesquels on peut s'opposer à la mauvaise Fortune.

Mais pour entrer dans le détail, je dis qu'on voit aujourd'hui un Prince dans la prospérité, et demain dans la disgrâce, sans que pourtant il ait rien changé à sa conduite ordinaire. Cela vient, premièrement, des raisons que nous avons déjà développées, qu'un Prince qui n'a point d'autre appui que la Fortune, périt selon qu'elle varie. Je crois encore que tel mode de conduite peut être heureux, si les circonstances sont favorables, et malheureux si les circonstances ne s'y prêtent pas. En effet, les hommes, lorsqu'il s'agit d'arriver au but qu'ils se proposent (qui est la gloire et les richesses), prennent des routes différentes : l'un marche avec précaution, l'autre y va brusquement ; les uns y emploient l'artifice, d'autres la violence ; les uns se conduisent avec patience, d'autres avec le contraire : et avec des modes si divers, chacun d'eux peut atteindre son but.

On voit encore deux hommes prudents dont l'un parvient à ses fins, et l'autre non ; au contraire, deux personnes ne laisseront pas de réussir également bien, l'une avec des précautions, l'autre avec de l'impétuosité : et cela vient de ce que leurs procédés conviennent ou ne conviennent pas au caractère du moment. Ce qui fait, comme je l'ai dit, que deux personnes, en agissant diversement, arrivent au même but, et que deux autres, en agissant de même, se voient l'une à son but, et l'autre non. Il faut encore tenir compte des variations de la Fortune : tel qui se gouverne avec modération et patience, s'en trouve bien, parce que les circonstances le supportent ; si elles changent, il se ruine, tout d'abord parce qu'il est difficile d'aller contre son tempérament, ensuite, parce qu'ayant toujours réussi en suivant une route, on ne peut se persuader qu'il faille l'abandonner. De là vient qu'un temporiseur n'a jamais que de mauvais succès lorsqu'il faut en venir à la violence. Mais si l'on changeait de tempérament selon les circonstances, il n'y aurait rien de si constant que la Fortune.

Le Pape Jules II fut impétueux dans toutes ses entreprises, et il rencontra toujours des conjonctures et des événements si favorables à sa manière d'agir, qu'il réussit dans tous ses desseins. Examinez le premier, qu'il exécuta sur Bologne, du vivant de Messer Giovanni Bentivogli. Les Vénitiens en avaient du chagrin ; les Rois de France et d'Espagne traitaient ensemble de cette affaire ; néanmoins, le Pape, menant en personne cette expédition, avec sa violence et son impétuosité coutumières, tint en suspens les Vénitiens et les Espagnols, les premiers par la peur, les seconds parce qu'ils voulaient recouvrer le Royaume de Naples. D'autre part, le Roi de France avait dessein de mettre le Pape dans ses intérêts, pour abattre les Vénitiens ; il crut ne pouvoir lui refuser ses troupes sans lui faire manifestement injure. Ainsi Jules II, avec son tempérament impétueux, vint à bout d'une entreprise où tout autre Pontife aurait échoué avec toute la prudence humaine ; car s'il n'eût point quitté Rome avant que ses traités n'eussent été bien conclus et ses préparatifs achevés, ainsi que l'aurait fait un autre Pontife, l'affaire était manquée. En effet, le Roi de France aurait trouvé mille excuses, et les autres auraient suscité mille embarras.

Je ne parlerai point des autres actions de ce Pape, qui toutes ont été semblables, dans leur exécution et dans leur succès ; et comme il n'a pas vécu longtemps, il n'a pu voir de revers à sa fortune. Mais s'il fût survenu des circonstances où une conduite plus modérée eût été nécessaire, il aurait sûrement succombé, parce qu'il lui eût été impossible de modifier les méthodes que sa nature lui imposait.

Concluons donc que lorsque la Fortune change, et que les hommes ne changent pas, ils sont heureux si elle et eux ont des concordances, malheureux s'ils ne s'accordent point. Je pense, cependant, qu'il vaut mieux être bouillant que circonspect, parce que la Fortune est femme, et qu'il est nécessaire de la battre et de la maltraiter, pour la tenir sous sa dépendance : elle se laisse plus facilement vaincre par ceux-là, que par ceux qui la traitent avec froideur. Comme les femmes, elle aime les jeunes gens, parce qu'ils sont moins respectueux, plus violents, et qu'ils la maîtrisent avec plus d'audace.

CHAPITRE VINGT-SIXIÈME

Exhortation à libérer l'Italie de l'esclavage des Barbares.

FAISANT réflexion sur tout ce que je viens de dire, j'ai examiné en moi-même si le temps présent pouvait procurer de la gloire, en Italie, à quelque Prince nouveau, et s'il y avait matière à occuper un homme sage et valeureux, de manière à ce qu'il pût introduire quelque changement qui lui fît honneur et qui rendît en même temps toute la nation heureuse. Et il me semble que tant de choses, aujourd'hui, concourent à favoriser les desseins d'un Prince nouveau, que je ne crois pas qu'il s'en présente jamais une si belle occasion.

Nous avons déjà dit que l'esclavage du peuple d'Israël en Egypte mit en œuvre les talents de Moïse ; que la grandeur et le courage de Cyrus seraient peut-être demeurés inconnus, si les Perses n'avaient pas été opprimés par les Mèdes ; et que la dispersion des Athéniens a rendu illustre la perfection de Thésée. A présent, il y a matière à rendre manifeste la noblesse d'un héros Italien, parce que les peuples de ce pays sont plus esclaves que ne l'étaient les Hébreux, plus opprimés que les Perses, plus divisés que les Athéniens, sans chefs, sans règles, et que l'Italie est vaincue, dépouillée, mise en pièces, ravagée, et accablée de toutes les détresses.

Or, bien qu'il se soit montré, dans quelques-uns de ses enfants, une sorte de lueur qui a donné lieu d'espérer qu'ils fussent désignés par Dieu pour sa rédemption, on a pourtant vu, par la suite, que la Fortune les abandonnait au milieu de leur course. Ainsi, ce pays demeura dans un état de mort ; il attend maintenant que vienne celui qui pansera ses blessures, en mettant fin au pillage et au sac de la Lombardie, aux rapines et aux extorsions du Royaume de Naples et de la Toscane, et qui la guérira des plaies que la longueur du mal a infectées.

L'on peut voir ainsi combien l'Italie prie Dieu de lui envoyer quelqu'un qui la délivre des insolences et des cruautés étrangères. On la voit toute prête à suivre la bannière de celui qui oserait la déployer. Mais il ne se voit personne en qui elle puisse mettre plus d'espoir qu'en votre illustre Maison qui, par son courage et sa fortune, favorisée par Dieu et par l'Eglise dont elle a le sceptre à cette heure, peut se faire le chef de cette rédemption.

Cet œuvre ne vous sera pas difficile, pourvu que vous vous rappeliez la vie et les actions de ceux dont nous avons parlé. Car quoique ces grands hommes fussent rares et merveilleux, ce n'était pourtant que des hommes ; aucun d'eux ne trouva d'occasions aussi belles que celle qui vous est donnée à présent ; car leurs desseins ne furent ni plus justes ni plus faciles, et Dieu même ne leur fut point aussi favorable qu'à vous.

Ici, la Justice est parfaite, parce qu'une guerre est juste quand elle est nécessaire ; et les armes sont pieuses quand elles n'ont pas d'autre raison d'être qu'elles-mêmes. Ici, les circonstances sont uniques ; et quand il en est ainsi, les difficultés sont minimes, si, bien entendu, vous ne perdez pas de vue les modèles que je vous ai proposés.

Outre cela, on a vu faire à Dieu des miracles sans exemple : la mer s'ouvrir, une nuée montrer la route, la piété produire une fontaine et faire pleuvoir la manne. Il apparaît des signes aussi éclatants dans votre grandeur ; il vous appartient de faire le reste. Dieu ne veut pas tout faire, pour ne nous ôter point l'usage de notre libre arbitre, ni la part de gloire qui nous revient.

Au reste, il ne faut pas s'étonner, si, jusqu'ici, aucun des Italiens dont j'ai parlé n'a pu exécuter les grandes choses qu'on attend de votre glorieuse Maison, et si, dans toutes les révolutions et dans toutes les opérations militaires, il semble que les vertus guerrières soient éteintes. Cela vient de ce que les anciennes institutions étaient mauvaises, et de ce qu'il ne s'est élevé personne qui ait su en créer de nouvelles.

Il n'y a rien qui comble tant de gloire un nouveau Prince, comme les nouvelles lois et les nouveaux règlements qu'il invente. Ces choses, lorsqu'elles sont bien fondées et qu'elles ont leur grandeur, attirent la vénération ; et dans l'Italie, il ne manque pas de matière pour créer de nouvelles formes. On y trouve assez de courage dans ses membres, pourvu que la tête ne manque pas. Examinez les duels et les escarmouches : vous verrez que les Italiens sont supérieurs en force, en adresse et en esprit. Mais lorsque vous en faites des armées, ils ne souffrent pas la comparaison, ce qui ne vient que de la faiblesse des chefs : ceux qui savent quelque chose, ne veulent point obéir ; et chacun s'imagine en savoir assez, à cause qu'il ne s'est encore rencontré personne d'un mérite assez éminent, et si heureux dans ses actions, pour que les autres veuillent bien lui céder sans peine. Voilà pourquoi, dans toutes les guerres arrivées depuis vingt ans, les armées composées uniquement d'Italiens ont toujours mal réussi ; il n'en faut point d'autres preuves que le Taro, ensuite Alessandria, Capoue, Gênes, Vaila, Bologne et Mestri.

Mais lorsque quelque Prince de votre illustre Maison voudra imiter les grands hommes qui ont été les libérateurs de leur pays, il faudra qu'avant toutes choses, (comme véritable fondement de toute entreprise), il n'ait point d'autres troupes que les siennes propres ; car on n'en peut avoir de plus fidèles, de plus assurées ni de plus braves. Et quoique chaque soldat Italien soit brave en particulier, il le sera encore davantage quand il verra son propre Prince le mener au combat, le traiter avec bonté et récompenser ses services. Il est donc absolument nécessaire de se fortifier par des armées de cette nature, afin de résister aux étrangers avec des forces Italiennes. Et quoiqu'on regarde l'infanterie Suisse et l'Espagnole comme terribles, elles ont pourtant chacune leur défaut ; en sorte qu'un troisième ordre pourrait non seulement leur résister, mais encore les vaincre. La raison en est que les Espagnols ne peuvent tenir contre des cavaliers, et que les Suisses craignent l'infanterie, quand elle est aussi opiniâtre qu'eux-mêmes dans le combat. L'expérience nous montre aussi que les Espagnols ont toujours été battus par la cavalerie Française, et les Suisses, par l'infanterie Espagnole. Il est vrai qu'à l'égard de ce dernier fait, on n'a pas d'expérience parfaite ; mais on en vit un échantillon à la journée de Ravenne, lorsque l'infanterie Espagnole eut affaire avec les bataillons Allemands, qui se battent dans le même ordre que les Suisses : les Espagnols, plus agiles de leurs corps, et protégés par leurs rondaches, pénétrèrent entre les piques de leurs ennemis et les décimèrent tranquillement, sans qu'ils y pussent remédier ; et sans la cavalerie qui les défit, ils auraient massacré tous leurs ennemis.

On pourrait donc, (ayant reconnu le défaut de l'une et de l'autre infanterie), en établir une nouvelle qui résiste à la cavalerie, et qui n'ait peur d'aucune infanterie : on en viendra à bout sans changer les armes, mais en changeant seulement l'ordonnance.

Voilà les règles nouvelles qui peuvent, à les observer convenablement, donner de la gloire et de la réputation à un Prince nouveau. Il ne faut pas laisser échapper l'occasion qui permette à l'Italie, après un si long esclavage, de voir enfin son libérateur. Il est impossible d'exprimer avec quels transports il serait reçu dans toutes les provinces qui ont souffert si souvent, et avec tant de désespoir, du déluge étranger, ni avec quelle soif de vengeance, avec quelle fidélité jalouse, avec quelle piété et quelles larmes. Quelles portes ne lui seraient point ouvertes ? Quels peuples lui refuseraient obéissance ? Quelle rivalité pourrait s'opposer à un secours si opportun ? Quel Italien refuserait le respect à ce rédempteur ? La domination barbare répugne à tout le monde. Que votre illustre Maison entreprenne cet exploit, avec le courage et l'espérance qui accompagnent toujours un dessein si équitable ; afin que, sous vos étendards, la patrie devienne glorieuse, et que sous vos auspices se vérifie ce dit de Pétrarque :

> *Virtù contra furore*
> *Prenderà l'arme : e fia'l combatter corto ;*
> *Che l'antico valore*
> *Ne gl' Italici cor non è ancor morto.*

TABLE

Dédicace 5
De la différence qui se trouve entre les Etats qui obéissent à des Princes ; et quels sont les différents moyens d'en prendre possession. Chap. I 9
Des Souverainetés héréditaires. Chap. II 10
Des Souverainetés composées. Chap. III 12
Pourquoi le Royaume de Darius, conquis par Alexandre, ne se souleva point contre ses successeurs, après sa mort. Chap. IV 22
De quelle manière il faut gouverner les Villes ou les Principautés, qui étaient libres devant qu'on les eût conquises. Chap. V 26
Des nouvelles conquêtes qu'on fait par sa propre valeur et ses propres armes. Chap. VI 28
Des Principautés nouvelles que l'on acquiert par des forces étrangères et par la Fortune. Chap. VII 32
De ceux qui par leurs crimes se sont élevés à la Souveraineté. Chap. VIII 41
De la Principauté civile. Chap. IX 47
Comment il faut s'y prendre pour bien juger de la force d'un Etat. Chap. X 51
Des Principautés ecclésiastiques. Chap. XI 54
Des différentes espèces de milices et des soldats mercenaires. Chap. XII 58
Des soldats auxiliaires, mixtes et nationaux. Chap. XIII 65

Touchant ce qui regarde le Prince par rapport à la milice. Chap. XIV 70

De ce qui rend les hommes, et surtout les Princes, dignes de louange ou de blâme. Chap. XV 73

De la libéralité et de l'avarice. Chap. XVI 75

De la cruauté et de la clémence ; et s'il est plus avantageux à un Prince d'être craint ou aimé. Chap. XVII 78

De quelle manière les Princes doivent garder la foi jurée. Chap. XVIII 82

Qu'il faut éviter la haine et le mépris. Chap. XIX 86

Si les forteresses, et beaucoup d'autres choses coutumières aux Princes, sont utiles ou préjudiciables. Chap. XX 97

Comment se doit gouverner un Prince pour acquérir de la réputation. Chap. XXI 102

Touchant les Ministres des Princes. Chap. XXII 107

Comment il faut fuir les flatteurs. Chap. XXIII 109

Pourquoi les Princes d'Italie ont perdu leurs Etats. Chap. XXIV 112

Ce que peut la Fortune dans les choses humaines, et par quels moyens on peut lui résister. Chap. XXV . 114

Exhortation à libérer l'Italie de l'esclavage des Barbares. Chap. XXVI 118

Librio est une collection de livres à 10F réunissant plus de 100 textes d'auteurs classiques et contemporains.
Toutes les œuvres sont en texte intégral.
Tous les genres y sont représentés : roman, nouvelles, théâtre, poésie.

Alphonse Allais
L'affaire Blaireau
A l'œil

Isaac Asimov
La pierre parlante

Richard Bach
Jonathan Livingston le goéland

Honoré de Balzac
Le colonel Chabert

Charles Baudelaire
Les Fleurs du Mal

Beaumarchais
Le barbier de Séville

René Belletto
Le temps mort
- L' homme de main
- La vie rêvée

Pierre Benoit
Le soleil de minuit

Bernardin de Saint-Pierre
Paul et Virginie

André Beucler
Gueule d'amour

Alphonse Boudard
Une bonne affaire
Outrage aux mœurs

Ray Bradbury
Celui qui attend

John Buchan
Les 39 marches

Francis Carco
Rien qu'une femme

Calderón
La vie est un songe

Jacques Cazotte
Le diable amoureux

Muriel Cerf
Amérindiennes

Jean-Pierre Chabrol
Contes à mi-voix
- La soupe de la mamée
- La rencontre de Clotilde

Leslie Charteris
Le Saint entre en scène

Georges-Olivier Châteaureynaud
Le jardin dans l'île

Andrée Chedid
Le sixième jour
L'enfant multiple

Arthur C. Clarke
Les neuf milliards de noms de Dieu

Bernard Clavel
Tiennot
L'homme du Labrador

Jean Cocteau
Orphée

Colette
Le blé en herbe
La fin de Chéri
L'entrave

Corneille
Le Cid

Raymond Cousse
Stratégie pour deux jambons

Pierre Dac
Dico franco-loufoque

Didier Daeninckx
Autres lieux

Alphonse Daudet
Lettres de mon moulin
Sapho

Charles Dickens
Un chant de Noël

Denis Diderot
Le neveu de Rameau

Philippe Djian
Crocodiles

Fiodor Dostoïevski
L'éternel mari

Arthur Conan Doyle
Sherlock Holmes
- La bande mouchetée
- Le rituel des Musgrave
- La cycliste solitaire
- Une étude en rouge
- Les six Napoléons
- Le chien des Baskerville
- Un scandale en Bohême

Alexandre Dumas
La femme au collier de velours

Claude Farrère
La maison des hommes vivants

Gustave Flaubert
Trois contes

Anatole France
Le livre de mon ami

Théophile Gautier
Le roman de la momie

Genèse (La)

Goethe
Faust

Albrecht Goes
Jusqu'à l'aube

Nicolas Gogol
Le journal d'un fou

Frédérique Hébrard
Le mois de septembre

Victor Hugo
Le dernier jour d'un condamné

Jean-Charles
La foire aux cancres

Franz Kafka
La métamorphose

Stephen King
Le singe
La ballade de la balle élastique
La ligne verte
(en 6 épisodes)

Madame de La Fayette
La Princesse de Clèves

Jean de La Fontaine
Le lièvre et la tortue
et autres fables

**Alphonse de
Lamartine**
Graziella

Gaston Leroux
Le fauteuil hanté

Longus
Daphnis et Chloé

Pierre Louÿs
La Femme et le Pantin

Howard P. Lovecraft
Les Autres Dieux

Arthur Machen
Le grand dieu Pan

Stéphane Mallarmé
Poésie

Félicien Marceau
Le voyage de noce de
Figaro

Guy de Maupassant
Le Horla
Boule de Suif
Une partie de campagne
La maison Tellier
Une vie

François Mauriac
Un adolescent d'autrefois

Prosper Mérimée
Carmen
Mateo Falcone

Molière
Dom Juan

Alberto Moravia
Le mépris

Alfred de Musset
Les caprices de Marianne

Gérard de Nerval
Aurélia

Ovide
L'art d'aimer

Charles Perrault
Contes de ma mère l'Oye

Platon
Le banquet

Edgar Allan Poe
Double assassinat dans
 la rue Morgue
Le scarabée d'or

Alexandre Pouchkine
La fille du capitaine
La dame de pique

Abbé Prévost
Manon Lescaut

Ellery Queen
Le char de Phaéton
La course au trésor

Raymond Radiguet
Le diable au corps

Vincent Ravalec
Du pain pour les pauvres

Jean Ray
Harry Dickson
- Le châtiment des Foyle
- Les étoiles de la mort
- Le fauteuil 27
- La terrible nuit du Zoo
- Le temple de fer
- Le lit du diable

Jules Renard
Poil de Carotte
Histoires naturelles

Arthur Rimbaud
Le bateau ivre

Edmond Rostand
Cyrano de Bergerac

Marquis de Sade
Le président mystifié

George Sand
La mare au diable

Erich Segal
Love Story

William Shakespeare
Roméo et Juliette
Hamlet
Othello

Sophocle
Œdipe roi

Stendhal
L'abbesse de Castro

**Robert Louis
Stevenson**
Olalla des Montagnes
Le cas étrange du
Dr Jekyll et de M. Hyde

Bram Stoker
L'enterrement
des rats

Erich Segal
Love Story

Anton Tchekhov
La dame au petit chien

Ivan Tourgueniev
Premier amour

Henri Troyat
La neige en deuil
Le geste d'Eve
La pierre, la feuille et
les ciseaux
La rouquine

Albert t'Serstevens
L'or du Cristobal
Taïa

Paul Verlaine
Poèmes saturniens
suivi des Fêtes galantes

Jules Verne
Les cinq cents millions
de la Bégum
Les forceurs de blocus

Vladimir Volkoff
Nouvelles américaines
- Un homme juste

Voltaire
Candide
Zadig ou la Destinée

Emile Zola
La mort d'Olivier
Bécaille
Naïs

Histoire de Sindbad
le Marin

Achevé d'imprimer en Europe
à Pössneck (Thuringe, Allemagne)
en mars 1997 pour le compte de EJL
84, rue de Grenelle 75007 Paris
Dépôt légal mars 1997

*Diffusion France et étranger : **Flammarion***